John L. Leconte

List of the Coleoptera of North America

Part 1.1

John L. Leconte

List of the Coleoptera of North America
Part 1.1

ISBN/EAN: 9783741184772

Manufactured in Europe, USA, Canada, Australia, Japa

Cover: Foto ©ninafisch / pixelio.de

Manufactured and distributed by brebook publishing software
(www.brebook.com)

John L. Leconte

List of the Coleoptera of North America

SMITHSONIAN MISCELLANEOUS COLLECTIONS.

140

LIST

OF THE

COLEOPTERA

OF

NORTH AMERICA.

PREPARED FOR THE SMITHSONIAN INSTITUTION.

BY

JOHN L. LECONTE, M.D.

PART I.

WASHINGTON:
SMITHSONIAN INSTITUTION:
MARCH, [illegible].—APRIL, [illegible].

ADVERTISEMENT.

A CATALOGUE of the described Coleoptera of the United States, prepared by Dr. F. E. Melsheimer, and revised by Prof. Haldeman and Dr. LeConte, was published by the Smithsonian Institution in 1853. This work furnished a reference to all the species described at the time, and known to the author or editors, but did not profess to indicate what were synonymes and what actual species.

Dr. LeConte has since had in view a new and improved catalogue, and by his own researches, and by reference to those of others, has endeavored to ascertain the proper synonymy of the North American Coleoptera, adding the new species described since the date of the Melsheimer Catalogue.

The portion of the New List, now published, includes all the families treated of in Part I of the Classification of the Coleoptera of North America, by Dr. LeConte, who will complete that work, with its companions, the "List," and the "Descriptions of New Species of North American Coleoptera," at the earliest practicable moment.

Pages 1—49 were published in March, 1866; pp. 50—70 in April, 1866.

JOSEPH HENRY,
Secretary S. I.

SMITHSONIAN INSTITUTION,
WASHINGTON, April, 1866.

PHILADELPHIA:
COLLINS, PRINTER.

NOTICE.

The present catalogue was commenced in 1861, and the portion now issued was, in great part, printed as early as June, 1862. The official duties of the author have since left him but little time for scientific research; but believing that the catalogue, even in its present incomplete condition, will be of service to students, he has considered it proper not to retard its appearance any longer. He trusts that at a future period he may be able to complete the work, and in the meantime, invites contributions from all those who have it in their power to aid him in his object of making a personal examination of all the accessible species of Coleoptera found within the limits of the United States, for the purpose of presenting an authentic synonymical catalogue.

The following marks are used in the catalogue: —— after a species indicates that it is unknown to the author, who is therefore not responsible for its value as a distinct species: ‖ signifies that the name has been previously employed for another species: ‡ denotes erroneous determinations: Greek letters are employed to distinguish forms which are considered as races of the preceding species.

JOHN L. LECONTE.

Jan., 1863.

LIST

OF

COLEOPTERA OF NORTH AMERICA.

CICINDELIDAE.

MANTICORINI.

Amblychila Say.

cylindriformis *Say.*
 piccolominii *Reiche.*
 Chilopterus c. *Chaudoir.*

Omus Esch.

audouini *Reiche.*
californicus *Esch.*
dejeanii *Reiche.*

MEGACEPHALINI.

Tetracha West.

carolina *Hope.*
 Cicindela carolina *Linn.*
 Megacephala c. *Dej.*
 Meg. carolinensis *Latr.*
virginica *Hope.*
 Cicindela virginica *Linn.*
 Megacephala virg. *Dej.*

CICINDELINI.

Cicindela Linn.

obsoleta *Say.*
α. vulturina *Lec.*
β. prasina *Lec.*
unipunctata *Fabr.*
longilabris *Say.*
 albilabris *Kirby.*
montana *Lec.*
pulchra *Say.*
lecontei *Hald.*
rugifrons *Dej.*
 denticulata *Hentz.*
α. unicolor *Dej.*
β. modesta *Dej.*
 obscura] *Say.*
scutellaris *Say.*
nigrocoerulea *Lec.*
viatica *Chevr.*
sexguttata *Fabr.*
 violacea *Fabr.*
patruela *Dej.*
 consentanea *Dej.*
decemnotata *Say.*
splendida *Hentz.*
α. limbalis var. *Lec.*
β. limbalis *Klug.*
 marginalis var. *Dej.*
 var. spreta *Lec.*
 var. amoena *Lec.*
γ. splendida *Hentz.*
 sexguttata var. *Fabr.*
purpurea *Oliv.*
 marginalis *Fabr.*
 var. audubonii *Lec.*
ancocisconensis *Harris.*
venusta *Lec.*
generosa *Dej.*
 [obliquata] *Kirby.*
formosa *Say.*
lateisignata *Lec.*
vulgaris *Say.*
 obliquata *Dej.*
 tranquebarica *Herbst.*
fulgida *Say.*
oregona *Lec.*
guttifera *Lec.*
duodecimguttata *Dej.*
 proteus *Kirby.*
repanda *Dej.*
 hirticollis] *Gould.*
 baltimorensis] *Lec.*[1]
hirticollis *Say.*
 albohirta *Dej.*
 [illegible] *Koller.*
 gravida *Lec.*
hyperborea *Lec.* n. sp.
tenuisignata *Lec.*
imperfecta *Lec.*
pusilla *Say.*
α. terricola *Say.*
cinctipennis *Lec.*
cyanella *Lec.*
dorsalis *Say.*
 signata *Dej.*
α. media *Lec.*
saulcyi *Guérin.*
 venusta *Fort.*
imperata *Chaudoir.*
marginata *Fabr.*
 variegata *Dej.*
limbata *Say.* —
cuprascens *Lec.*
blanda *Dej.*
 tarsalis *Lec.*
macra *Lec.*
 blanda] *Lec.*
sperata *Lec.*
lepida *Dej.*
serpens *Lec.*
α. ascendens *Lec.*
sigmoidea *Lec.*
tortuosa *Dej.*
 trifasciata] *Klug.*
punctulata *Fabr.*
 var. micans *Fabr.*
texana *Lec.*
 decostigma] *Lec.*

---

[1] Dr. Schaum informs me that C. baltimorensis Herbst. is the East Indian C. minuta Fabr. with an erroneous locality.

haemorrhagica *Lec.*
hentzii *Dej.*
  haemorrhoidalis] *Hentz.*
sedecimpunctata *Klug.*
  rubriventris *Chevr.*
rufiventris *Dej.*
cumatilis *Lec.*
  gravida? *Chevr.*
abdominalis *Fabr.*
marginipennis *Dej.*
severa *Ferté.*
californica *Ménétriés.*
circumpicta *Ferté.*
  johnsonii *Fisch.*
praetextata *Lec.*
togata *Ferté.*
gratiosa *Guérin.*
lemniscata *Lec.*
cursitans *Lec.*
celeripes *Lec.*
pilatei *Lec.*[1]
  Dromochorus pil. *Guérin.*

CARABIDAE.

CARABIDAE (genuini).

OMOPHRONINI.

Omophron Latr.

dentatum *Lec.*
gilae *Lec.*
tessellatum *Say.*
  lecontei *Dej.*
americanum *Dej.*
  sayi *Kirby.*
labiatum *Say.*
  Scolytus labiatus *Fabr.*
nitidum *Lec.*

ELAPHRINI.

Elaphrus Fabr.

politus *Lec.*
laevigatus *Lec.*
olivaceus *Lec.* n. sp.
cicatricosus *Lec.*
clairvillei *Kirby.*
  ?fuliginosus *Say.*
  ?americanus *Dej.*
obliteratus *Mann.*
intermedius *Kirby.*
californicus *Mann.*
  var. punctatissimus *Lec.*
  var. sinuatus *Lec.*
  var. gratiosus *Mann.*
  var. similis *Lec.*
ruscarius *Say.*
  riparius] *Dej.*
obscurior *Kirby.* —

Diachila Motsch.

subpolaris *Lec.* n. sp.

Blethisa Bon.

quadricollis *Hald.*
oregonensis *Lec.*
julii *Lec.* n. sp.

LORICERINI.

Loricera Latr.

pilicornis *Latr.*
  Carabus p. *Fabr.*
semipunctata *Esch.*
californica *Lec.* n. sp.
neoscotica *Lec.* n. sp.
decempunctata *Esch.*
foveata *Lec.*
congesta *Mann.* —

TRACHYPACHINI.

Trachypachys Mots.

inermis *Motsch.*
  holmbergi *Mann.*
gibbsii *Lec.*

CARABINI.

Notiophilus Dumeril.

semiopacus *Esch.*
sylvaticus *Esch.*
nitens *Lec.*
semistriatus *Say.* (f. Lec.)
  aquaticus] *Kirby.*
  novemstriatus *Lec.*
confusus *Lec.*
sibiricus *Motsch.*
  punctatus *Lec.*
  semistriatus *Say.* (f. Harr.)
aeneus *Lec.*
  Elaphrus aeneus *Herbst.*
  Not. porrectus *Say.*

Opisthius Kirby.

richardsonii *Kirby.*

Nebria Latr.

pallipes *Say.*
metallica *Fisch.*
gebleri *Dej.* —
rathvoni *Lec.*
gregaria *Esch.*
mannerheimii *Esch.*
castanipes *Lec.*
  Helobia cast. *Kirby.*
  ?N. eschscholtzii] *Mén.*
diversa *Lec.*
  livida] *Lec.*
hudsonica *Lec.* n. sp.
nivalis *Gyll.*
  Carabus niv. *Paykull.*
moesta *Lec.*
  an sequentis var.?
sahlbergii *Fisch.*
eschscholtzii *Lec.*
  Pelophila esch. *Mann.*
  Pel. borealis var.] *Dej.*
rudis *Lec.* n. sp.
bifaria *Mann.*
  carbonaria] *Mann.*
suturalis *Lec.*

Leistus Fröhlich.

ferrugineus *Mann.*
  ferrugineus? *Dej.*

Calosoma Fabr.

externum *Say.*
  longipenne *Dej.*
macrum *Lec.*
protractum *Lec.*
scrutator *Fabr.*
willcoxi *Lec.*
frigidum *Lec.*
sayi *Dej.*
prominens *Lec.*
  angulatum] *Lec.*
carbonatum *Lec.*
triste *Lec.*
obsoletum *Say.*
  lugubre] *Dej.*
semilaeve *Lec.*
calidum *Fabr.*
  var. lepidum *Lec.*
lepidum *Lec.*
cancellatum *Esch.*
  var. [illegible] *Lec.*

---

[1] The following species quoted by authors are not North American. *C. venosa* Kollar = nitida Dej.; *C. obscura* Fabr. = germanica Linn.; *C. parvula* Herbst. = germanica Linn.; *C. fragmentata* [illegible]

discors *Lec.*
moniliatum *Lec.*
laqueatum *Lec.*
wilkesii *Lec.*
luxatum *Say.*
α. **striatulum** *Lec.*
β. **zimmermanni** *Lec.*

Carabus Linn.

vietinghovii *Adams.*
californicus *Motsch.*
an vere Am. bor.?
limbatus *Say.*
grayi *Dej.*
serratus *Say.*
lineatopunctatus *Dej.*
lapilayi *Laporte.*
vinctus *Weber.*
interruptus *Say.*
ligatus| *Lec.*
α. **ligatus** *Germ.*
β. **carinatus** *Dej.*
finitimus *Hald.*
sylvosus *Say.*
♀ lherminieri *Dej.*
taedatus *Fabr.*
α. **baccivorus** *Fischer.*
β. **agassii** *Lec.*
γ. **oregonensis** *Lec.*
chamissonis *Fischer.*
brachyderus *Wiedem.*
groenlandicus *Dej.*
truncaticollis *Esch.*[1]
an vere Am. bor.?

Nomaretus Lec.

debilis *Lec.*
cavicollis *Lec.*
fissicollis *Lec.*
bilobus *Lec.*
Cychrus bilobus *Say.*
Sphaeroderus bil. *Dej.*
imperfectus *Horn.*

Cychrus Fabr.

§ Sphaeroderus Dej.

nitidicollis (*Chev.*)
bicarinatus *Lec.*
lecontei (*Dej.*)
S. niagarensis *Lap.*
S. brevoorti *Lec.*
stenostomus *Weber.*

§ Scaphinotus Dej.

unicolor *Oliv.*
elevatus *Fabr.*
S. flammeus *Hald.*
var. S. dilatatus *Lec.*
heros *Harris.*

§ Irichroa Newman.

viduus *Dej.*
unicolor| *Herbst.*
var. leonardi *Harris.*
violaceus *Lec.* n. sp.
andrewsii *Harris.*

§ Cychrus Dej.

tuberculatus *Harris.*
velutinus *Mén.* —
angusticollis *Fischer.*
angulatus *Harris.* —
cristatus *Harris.* —
reticulatus *Motsch.* —
marginatus *Dej.*
striatus *Lec.*
crenatus *Motsch.*
interruptus *Mén.*
ventricosus| *Chaud.*
ventricosus *Dej.*
striatopunctatus *Chaud.*
constrictus *Lec.*
ventricosus| *Motsch.*
cordatus *Lec.*
alternatus *Motsch.*
ventricosus var.| *Esch.*
punctatus *Lec.*

METRIINI.

Metrius Esch.

contractus *Esch.*

PROMECOGNATHINI.

Promecognathus Chaud.

laevissimus *Chaud.*
Eripus laev. *Dej.*

SCARITINI.

Pasimachus Bon.

marginatus *Bon.*
Scarites marg. *Fabr.*
subsulcatus *Say.*
sublaevis *Bon.*
Scarites subl. *Beauv.*
var. P. rugosus *Lec.*
var. P. assimilis *Lec.*
substriatus *Hald.*
viridans *Lec.*
elongatus *Lec.*
depressus var.| *Say.*
punctulatus *Hald.*
depressus *Bon.*; *Putz.*
?Scarites depr. *Fabr.*
morio *Lec.*
var. laevis *Lec.*
corpulentus *Lec.*
validus *Lec.*
mortalatus| *Lec.*
californicus *Chaud.* —
an a praec. diff.?
obsoletus *Lec.*
duplicatus *Lec.*

Scarites Fabr.

substriatus *Hald.*
quadriceps *Chaud.*
distinctus *Hald.*
ephialtes *Lec.*
intermedius *Lec.*
subterraneus *Fabr.*
var. californicus *Lec.*
var. vicinus *Chaud.*
affinis *Lec.*
var. denticollis *Chaud.*
patruelis *Lec.*

Dyschirius Bon.

tridentatus *Lec.*
quadridens *Motsch.*
var. contrarius *Lec.*
patruelis *Lec.*
basalis *Lec.*
dejeanii *Putz.* —
integer *Lec.*
nigripes *Lec.*
apicalis| *Lec.*
consobrinus *Lec.*
gibbipennis *Lec.*
aeneolus *Lec.*
longulus *Lec.*
an a seq. diff.?
pumilus *Putz.* —
globulosus *Putz.*
Clivina gl. *Say.*
var. parvus *Lec.*
haemorrhoidalis *Putz.*
Clivina haem. *Dej.*
terminatus *Lec.*
analis *Lec.*
sphaericollis *Putz.*
Clivina sph. *Say.*
edentulus *Putz.* —
truncatus *Lec.*
erythrocerus *Lec.*

[1] The following species are not found in North America. *C. auronitens* Fabr. — *C. splendens*; *C. besseri* Dej. — *C. catenulatus* Fabr.

marinus *Lec.*
  Aephnoras? mar. *Lec.*
sellatus *Lec.*
pallipennis *Putz.*
  Clivina pall. *Say.*
curvispinus *Putz.* —
filiformis *Lec.*
sublaevis *Putz.* —
dentiger *Lec.*
aratus *Lec.*
rufiventris *Lec.*
transmarinus *Mann.* —
frigidus *Mann.* —
setosus *Lec.*
pilosus *Lec.*
hispidus *Lec.* n. sp.

Ardistomis Putz.

obliquata *Putz.*
schaumii *Lec.*
viridis *Lec.*
  Clivina viridis *Say.*
  Clivina rostrata *Dej.*
  Ard. rostrata *Putz.*
  var. Ard. vicina *Putz.*
puncticollis *Putz.*
  an praec. gen.?

Aspidoglossa Putz.

subangulata *Lec.*
  Cliv. bipustulata] *Say*
  Cliv. crenata] *Dej.*
  Dyschirius subang. *Chaud.*
  Dysch. humeralis *Chaud.*
  Asp. vicina *Putz.*
  Asp. fraterna *Putz.*

Clivina Latr.

corvina *Putz.*
a. confusa *Lec.*
b. georgiana *Lec.*
dentipes *Dej.* —
fissipes *Putz.* —
impressifrons *Lec.*
planicollis *Lec.*
punctulata *Lec.*
punctigera *Lec.*
rubicunda *Lec.*
rufescens *Dej.*
  ?pallida *Say.*
rufa *Lec.*
randalli *Lec.*
  elongata? *Randall.*
analis *Putz.* —
americana *Dej.*
  acuducta *Hald.*

morula *Lec.*
cordata *Putz.*
morio *Dej.* —
striatopunctata *Dej.*
ferrea *Lec.*
convexa *Lec.*
  an a seq. diff.?
bisignata *Putz.* —
bipustulata *Dej.*
  Scarites bip. *Fabr.*
  S. quadrimaculatus *Beauv.*
  Clivina quadr. *Say.*
marginipennis *Putz.* —
postica *Lec.*
picea *Putz.*
stigmula *Putz.* —[1]

Schizogenius Putz.

crenulatus *Lec.*
planulatus *Lec.* n. sp.
lineolatus *Lec.*
  Clivina lin. *Say.*
  Schiz. sulcifrons *Putz.*
ferrugineus *Putz.*
  Cliv. sulcata *Lec.*
amphibius *Lec.*
  Clivina amph. *Hald.*
  Cliv. frontalis *Lec.*
depressus *Lec.*
pluripunctatus *Lec.*
  var. simplex *Lec.*

OZAENIDAE.

PSEUDOMORPHINI.

Pseudomorpha Kir.

excrucians *Kirby.*
  Drepanus lecontei *Dej.*

HARPALIDAE.

BRACHININI.

Brachinus Weber.

tormentarius *Lec.*
alternans *Dej.*
strenuus *Lec.*
  ?deyrollii *Fert.*
perplexus *Dej.*
  var. viridipennis *Dej.*
  var. viridis *Lec.*
  var. lecontei *Lec.*
americanus *Lec.*
ballistarius *Lec.*

fumans *Fabr.*
  librator *Dej.*
  var. perplexus] *Lec.*
  var. sufflans *Lec.*
  var. similis *Lec.*
  var. cyanopterus *Lec.*
costipennis *Motsch.*
  var. lecontei] *Motsch.*
tschernikhii *Mann.*
cariniatus *Motsch.*
fidelis *Lec.*
kansanus *Lec.*
cordicollis *Dej.*
  conformis] *Lec.*
  velox *Lec.*
  var.? cephalotes *Dej.*
stygicornis *Say.*
rejectus *Lec.*
  cordicollis] *Lec.*
janthinipennis *Lec.*
  Aptinus janth. *Dej.*
quadripennis *Dej.*
medius *Lec.*
ovipennis *Lec.*
  cephalotes] *Lec.*
conformis *Dej.*
  patruelis *Lec.*
pumilio *Lec.*
lateralis *Dej.*

PANAGAEINI.

Panagaeus Latr.

crucigerus *Say.*
fasciatus *Say.*

Micrixys Lec.

distinctus *Lec.*
  Panagaeus dist. *Hald.*
  Eugnathus] dist. *Lec.*

MORIONINI.

Morio Latr.

georgiae *Lec.*
  Scarites georg. *Beauv.*
  Harp. mon. *Latr.*
  M. monilicornis *Dej.*

HELLUONINI.

Helluomorpha Lap.

clairvillei *Lap.*
  Helluo clairv. *Dej.*
praeusta *Lap.*
  Helluo prae. *Dej.*

---

[1] C. [illegible] Boh. is probably not North American; Scar. [illegible] [illegible] is unrecognizable.

laticornis *Lap.*
  Helluo lat. *Dej.*
  Zuphium bicolor *Harris.*
ferruginea *Lec.*
texana *Lec.*
nigripennis *Lap.*
  Helluo nigr. *Dej.*

DRYPTINI.

Galerita Fabr.

atripes *Lec.*
janus *Fabr.*
  americana? *Dej.*
  var. cyanipennis *Dej.*
  var. cordicollis *Chaud.*
californica *Mann.*
lecontei *Dej.*
bicolor *Kby.*
  ?Carabus bic. *Drury.*
  G. longicollis *Chaud.*
  G. dubia *Lec.*

Zuphium Latr.

americanum *Dej.*

Diaphorus Dej.

lecontei *Dej.*
truncicollis *Lec.*

Thalpius Lec.

pygmaeus *Lec.*
  Helluo pygm. *Dej.*
dorsalis *Lec.*
  ?Diaphorus dor. *Brullé.*
rufulus *Lec.*
  Enaphorus ruf. *Lec.*

ODACANTHINI.

Casnonia Latr.

pennsylvanica *Dej.*
  Attelabus pens. *Linn.*
ludoviciana *Sallé.*[1]

Leptotrachelus Lat.

dorsalis *Latr.*
  Odacantha dors. *Fabr.*
  Sphaeracra dors. *Say.*

Ega Lap.

sallei *Chev.*
laetula *Lec.*

Lachnophorus Dej.

pubescens *Dej.*
elegantulus *Mann.*
  Tachypus medioeignatus *Mtn.*

Eucaerus Lec.

varicornis *Lec.*

LEBIINI.

Plochionus Dej.

timidus *Hald.*
bonfilsii *Dej.*
amandus *Newman.*
  vittatus *Lec.*
valens *Lec.* n. sp.

Lebia Latr.

grandis *Hentz.*
atriventris *Say.*
atriceps *Lec.* n. sp.
tricolor *Say.*
pleuritica *Lec.*
viridipennis *Dej.*
  borea *Hentz.*
cupripennis *Dej.* —
ruficollis *Lec.*
cyanipennis *Dej.*
cyanella. —
  Lamprias cyan. *Motsch.*
  an praec. var.?
viridis *Say; Dej.*
smaragdula *Dej.*
  vix a praec. differt.
moesta *Lec.*
maculicornis *Lec.*
pumila *Dej.*
  floricola *Harris.*
marginicollis *Dej.*
  an a seq. diff.?
affinis *Dej.*
  Lamp. limbicollis *Motsch.*
ornata *Say.*
  analis *Dej.*
  var. marginella *Dej.*
scapularis *Dej.*
  mira *Hentz.*
furcata *Lec.*
bilineata *Motsch.* —
vittata *Say.*
  Carabus vitt. *Fabr.*
  var. L. conjungens *Lec.*
axillaris *Dej.*
  brunnea *Hald.*
  Dromius apicalis *Hald.*

fuscata *Dej.*
guttula *Lec.*
collaris *Dej.*
  var. nigripennis *Dej.*
lobulata *Lec.* n. sp.
pulchella *Dej.*
bivittata *Er.*
  Carabus biv. *Fabr.*
  L. quadrivittata *Dej.*
abdominalis *Chaud.*
divisa *Lec.*
  concinna? *Lec.*
angulata *Hald.* —
  an potius Rhombodera?

Nemotarsus Lec.

elegans *Lec.*

Tetragonoderus Dej.

intersectus *Lec.*
  Bembidium int. *Germ.*
  T. lecontei *Dej.*
fasciatus *Lec.*
  Cephalotes? fasc. *Hald.*
  Thyreopterus fasc. *Lec.*
undulatus *Lec.* n. sp.

Trechicus Lec.

umbripennis *Lec.*
pallipennis *Lec.*

Dromius Bon.

piceus *Dej.*
quadricollis *Lec.*[2]

Apristus Chaud.

cordicollis *Chaud.*
  Dromius cord. *Lec.*
subsulcatus *Chaud.*
  Dromius subs. *Dej.*
laticollis *Lec.*
latens *Lec.*
  Dromius l. *Lec.*

Metabletus Schmidt.

americanus *Schaum.*
  Dromius am. *Dej.*
  Blechrus am. *Lec.*

Blechrus Motsch.

linearis *Schaum.*
  Dromius angustus? *Lec.*
  Blechrus linearis *Lec.*

---

[1] *Aptinus rufipes* Chaud. (*Casnonia rufipes* Dej.) is probably not a North American species; Casnonia picta Chaud. is a Mexican and not a Californian species.
[2] *D. geminatus* Hald. — *quadrinotatus* of Europe.

nigrinus *Schaum.*
Dromius nig. *Mann.*
lucidus *Schaum.*
Bosinus luc. *Lec.*
pusio *Lec.* n. sp.

Axinopalpus Lec.

biplagiatus *Lec.*
Dromius bipl. *Dej.*
californicus *Lec.*
Dromius cal. *Motsch.*
fusciceps *Lec.*

Apenes Lec.

lucidula *Lec.*
Cymindis luc. *Dej.*
opaca *Lec.*
sinuata *Lec.*
Cymindis sinuata *Say.*
Cym. pustulata *Dej.*

Glycia Chaud.

viridicollis *Lec.*
Cymindis vir. *Lec.*
purpurea *Lec.*
Cymindis purp. *Say.*
var. Cym. amoena *Lec.*

Philophuga Motsch.

viridis *Motsch.* —
Cymindis vir. *Dej.*
cyanea *Motsch.* —

Cymindis Latr.

laticollis *Say.*
cribricollis *Dej.*
abstrusa *Lec.*
planipennis *Lec.* n. sp.
reflexa *Lec.*
?marginata *Kirby.*
elegans *Lec.*
hudsonica *Lec.* n. sp.
pilosa *Say.*
pubescens *Dej.*
borealis *Lec.* n. sp.
americana *Dej.*
var. venator *Dej.*
cribrata *Lec.*
neglecta *Hald.*[1]
?unicolor *Kirby.*

Pinacodera Schaum.

limbata *Schaum.*
Cymindis limb. *Dej.*
fuscata *Schaum.*
Cymindis f. *Dej.*
platicollis *Schaum.*
Cymindis pl. *Say.*
Cym. complanata *Dej.*
Lebia ruminis *Newman.*
punctigera *Lec.*
Cymindis punct. *Lec.*

Callida Dej.

planulata *Lec.*
smaragdina *Dej.*
cyanipennis *Chaud.* —
viridipennis *Say.*
marginata *Dej.*
fulgida *Dej.*
cyanoptera *Lec.*
decora *Dej.*
Carabus d. *Fabr.*
punctata *Lec.*[2]

Philotecnus Lec.

croceicollis *Lec.*
Callida croceic. *Mén.*
Phil. ruficollis *Lec.*
chloridipennis *Motsch.*
vix a praec. diff.
nigricollis *Lec.*

Rhombodera Reiche.

pallipes *Lec.*
Didetus pall. *Lec.*
bicolor *Lec.* n. sp.

Coptodera Dej.

signata *Dej.*
var. collaris *Lec.*
aerata *Dej.*
var. viridipennis *Lec.*

PTEROSTICHINI.

Calathus Bon.

gregarius *Dej.*
Feronia greg. *Say.*
ingratus *Dej.*
incommodus *Mann.*
confusus *Lec.*
opaculus *Lec.*
quadricollis *Lec.*
behrensii *Mann.*
obscurus *Lec.*
ruficollis *Dej.*
advena *Schaum.*
Pristodactyla adv. *Lec.*
var. Anchom. lenis *Mann.*
mollis *Schaum.*
Anchomenus m. *Dej.*
Agonum m. *Esch.*
?var. Anch. dulcis *Mann.*
dubia *Lec.*
impunctata *Lec.*
Feronia imp. *Say.*
Pristodactyla americ. *Dej.*
var. Pr. corvina *Lec.*

Platynus Bon. (emend. Brullé).

larvalis *Lec.*
Rhadine lar. *Lec.*
caudatus *Lec.* n. sp.
dissectus *Lec.* n. sp.
agilis *Lec.*
fragilis *Lec.*
hypolithos *Lec.*
Feronia hyp. *Say.*
Pl. erythropus *Dej.*
angustatus *Dej.*
stygicus *Lec.*
octofoveolatus *Lec.*
Anchomenus oct. *Mäkl.*
pusillus *Lec.*
Stenolo americanus *Lec.*
Anchus pusillus *Lec.*
tenuicollis *Lec.*
marginatus *Lec.*
Colpodes marg. *Chaud.*
cincticollis *Lec.*
Feronia cinct. *Say.*
Anchomenus cinct. *Say.*
Platynus hirudes *Germ.*
Anch. corvinus *Dej.*
var. A. deplanatus *Chaud.*
Anch. marginalis *Hald.*
opaculus *Lec.* n. sp.
bicolor *Lec.*
brunneomarginatus *Lec.*
Anchomenus brun. *Mann.*
Plat. diaristites *Lec.*
!Anch. rugiceps *Mann.*
ovipennis *Lec.*
Anch. ovipennis *Mann.*
decens *Lec.*
Feronia decentis *Say.*
Anch. gagates *Dej.*
Anch. decentis *Say.*
Anch. excavatus *Lec.*
sinuatus *Lec.*
Anchomenus sin. *Dej.*
c. depressus (*Hald.*)

---

[1] C. morio Dej. does not occur in the United States.
[2] C. rubricollis Dej. is not found within the present limits of the United States, but is confined to Cuba.

β. angusticollis? *Kirby.*
funebris *Lec.*
  Scaphinot. cyaneus *Motsch.*
micans *Lec.*
  Anchomenus mic. *Mén.*
  Scaphiodact. mic. *Chaud.*
aeneolus *Lec.*
clemens *Lec.* n. sp.
extensicollis *Lec.*
  Feronia ext. *Say.*
  Fer. (Anch.) proxima *Har.*
  Anch. ext. *Dej.*
α. obscuratus (*Chaud.*)
  Anch. elongatulus? *Lec.*
β. viridis (*Lec.*)
γ. cyanescens (*Motsch.*)
simplex *Lec.*
decorus *Lec.*
  Feronia dec. *Say.*
  Anch. dec. *Dej.*
  var. Anch. [illegible] *Lec.*
anchomenoides *Lec.*
  Agonum anch. *Randall.*
bicolor *Lec.*
  Anch. bicolor *Dej.*
  Pl. marginellus *Lec.*
californicus *Lec.*
  Anchomenus cal. *Dej.*
collaris *Lec.*
  Anchomenus coll. *Say.*
moerens *Lec.*
  Anchomenus moer. *Dej.*
molestus *Lec.*
  laevis? *Lec.*
melanarius *Lec.*
  Agonum mel. *Dej.*
  Agonum [illegible] *Hald.*
  ?Fer. mutellaris *Say.*
metallescens *Lec.*
tenuis *Lec.*
harrisii *Lec.*
  Agonum harr. *Lec.*
picens *Lec.*
  Agonum pic. *Lec.*
carbo *Lec.*
atratus *Lec.*
corvus *Lec.*
frater *Lec.*
quadratus *Lec.*
cupripennis *Lec.*
  Feronia cupr. *Say.*
  Agonum cupr. *Dej.*
subsericeus *Lec.* n. sp.
punctiformis *Lec.*
  Feronia punct. *Say.*
  Agonum rufipes *Dej.*
  Agonum punct. *Say.*
  Ag. foveicolle *Chaud.*

limbatus *Lec.*
  Feronia limb. *Say.*
  Ag. palliatum *Dej.*
crenistriatus *Lec.* n. sp.
aeruginosus *Lec.*
  Agonum aer. *Dej.*
excavatus *Lec.*
  Agonum exc. *Dej.*
ferreus *Lec.*
  Agonum ferr. *Hald.*
  Ag. [illegible] *Hald.*
albicrus *Lec.*
  Agonum alb. *Dej.*
picticornis *Lec.*
  Anchomenus pict. *Newm.*
errans *Lec.*
  Feronia err. *Say.*
  Agonum err. *Say.*
subcordatus *Lec.*
  ?Ag. erythropum? *Kirby.*
basalis *Lec.*
  Agonum bas. *Lec.*
vagans *Lec.*
sulcatus (*Dej.*) —
striatus (*Dej.*) —
nutans *Lec.*
  Feronia n. *Say.*
  Agonum n. *Say.*
  Ag. femoratum *Dej.*
crenulatus *Lec.*
striatopunctatus *Lec.*
  Agonum str. *Dej.*
  Ag. decipiens *Lec.*
retractus *Lec.*
  Agonum retr. *Lec.*
  ?Ag. lenum *Dej.*
picicornis *Lec.*
ruficornis *Lec.*
  ?Ag. picipenne var. *Kirby.*
gratiosus *Lec.*
  Anchomenus gr. *Mann.*
picipennis *Lec.*
  Agonum pic. *Kirby.*
  Ag. lenum? *Lec.*
lutulentus *Lec.*
nigriceps *Lec.*
  Agonum nigr. *Lec.*
sordens *Kirby.* (Ag.) —
octopunctatus *Lec.*
  Carabus oct. *Fabr.*
  Feronia oct. *Say.*
  Agonum oct. *Dej.*
perforatus *Lec.* n. sp.
protractus *Lec.*
chalceus *Lec.*
  Agonum ch. *Lec.*
  ?Ag. cupreum *Dej.*
crassicollis *Lec.*

placidus *Lec.*
  Feronia pl. *Say.*
  Ag. morosum *Dej.*
maculicollis *Lec.*
  Agonum mac. *Dej.*
  Anchomenus mac. *Mann.*
variolatus *Lec.*
  Ag. limbatum? *Motsch.*
deplanatus *Lec.*
  Agonum depl. *Mén.*
fossiger *Lec.*
  Agonum fos. *Dej.*
  Ag. famelicum *Mén.*
  Agonotherus robustus *Mot.*
consimilis *Lec.*
obsoletus *Lec.*
  Feronia obs. *Say.*
  Ag. lutaceum *Dej.*
  Ag. obsoletum *Say.*
  Ag. placidum? *Lec.*
strigicollis *Lec.*
  Anchomenus str. *Mann.*
bogemanni *Lec.* —
  Harpalus bog. *Gyll.*
  Agonum bog. *Dej.*
  Anchomenus bog. *Gaubil.*
bembidioides *Lec.*
  Sericoda bemb. *Kirby.*
  Agonum bemb. *Lec.*
stigmosus *Lec.*
  quadripunctatus? *Lec.*
  an octocolus?
octocolus (*Mann.*) —
seminitidum (*Kirby.*) —
affine (*Kirby.*) —
simile (*Kirby.*) —
maculifrons (*Say.*) —
elongatulus (*Dej.*) —
nitidulum (*Dej.*) —
cupreum (*Dej.*) —
brevicolle (*Dej.*) —
ferrugineum (*Dej.*) —
fragilis (*Mann.*) —
aeratus (*Mann.*)[1] —

Olisthopus Dej.

parmatus *Dej.*
  Feronia parm. *Say.*
  var. Ol. cinctus *Say.*
micans *Lec.*

Loxandrus Lec.

saphyrinus *Lec.*
  Megalostylus? saph. *Chaud.*

---

[1] Several marked as not recognized are probably identical with other species, but reference to original types will be necessary to establish the synonymy.

rectus Lec.
  Feronia r. Say.
  Pogonus r. Say.
  Feronia lucidula Dej.
  var. Meg. latecollis Chaud.
brevicollis Lec.
  Argutor brev. Lec.
  Arg. minor ‡ Lec.
erraticus Lec.
  Feronia err. Dej.
minor Lec.
  Megalostylus m. Chaud.
  Argutor [illegible] Lec.
celer Lec.
  Feronia celeris Dej.
agilis Lec.
  Feronia ag. Dej.
pusillus Lec.
velox Lec.
  Feronia vel. Dej.
  Argutor [illegible] ‡ Lec.
taeniatus Lec.
piciventris Lec.
ornatus Lec.

Evarthrus Lec.

gravidus Hald.
engelmanni Lec.
sigillatus Lec.
  Feronia sig. Say.
  Fer. vidua Dej.
seximpressus Lec.
americanus Lec.
  Feronia am. Dej.
conviva Lec.
vagans Lec.
  Feronia vag. Lec.
unicolor Lec.
  Feronia un. Say.
rotundatus Lec.
brevoorti Lec.
  Feronia br. Lec.
faber Lec.
  Molops faber Germ.
  Fer. tenebricosa Dej.
  Fer. spoliata Newm.
acutus Lec.
obsoletus Lec.
  Feronia obs. Say.
approximatus Lec.
  [illegible] appr. Lec.
laevipennis Lec.
  [illegible] laev. Lec.
morio Lec.
  Feronia morio Dej.
vinctus Lec.

abdominalis Lec.
  Feronia abd. Lec.
ilex Lec.
  Feronia ilex Lec.
incisus Lec.
  Feronia inc. Lec.
ovipennis Lec.
  Feronia ov. Lec.
latebrosus Lec.
constrictus Lec.
  Feronia cons. Say.
substriatus Lec.
  Feronia subs. Lec.
colossus Lec.
  Feronia col. Lec.
heros Lec.
  Feronia heros Say.
torvus Lec. n. sp.
orbatus Lec.
  Feronia orb. Newm.
  var. Fer. sodalis Lec.
  var. Fer. corax Lec.
  var. Ev. fucatus Lec.
furtivus Lec.

Pterostichus Bon.
(emend. Kr.)

§ Hypherpes Chaud.[1]

herculaneus Mann.
planctus Lec.
algidus Lec.
  Br. subparallelus Motsch.
validus Mann.
  Feronia val. Dej.
curtipennis. —
  Brachystylus curt. Motsch.
vicinus Mann.
  californicus ‡ Lec.
protractus Lec.
amplicollis Lec.
  Brachystylus amp. Motsch.
parallelus. —
  Brachystylus par. Motsch.
amethystinus Mann.
castaneus Mann.
  Feronia cast. Dej.
brunneus Mann.
  Feronia brunnea Dej.
angustus Mann.
  Feronia ang. Dej.
  P. linearis Lec.
muticus Lec.
californicus Mann.
  Feronia cal. Dej.
  Pter. simplex Lec.

menetriesii Lec.
  Brachystylus m. Motsch.
  Br. megas Chaud.
  Feronia atra Men.
castanipes Lec.
  Feronia cast. Men.
contractus Lec.
longicollis Motsch.
isabellae Lec.
congestus Lec.
  Feronia cong. Men.
  Pter. illustris Lec.
sustentus Lec.
rejectus Lec.
adoxus Lec.
  Feronia ad. Say.
  Fer. tristis Dej.
  Fer. interfector Newm.
subarcuatus Lec.
sphodrinus Lec. n. sp.
longicollis Lec.
rostratus Lec.
  Feronia rostr. Newm.
  var. Pt. grandiceps Lec.

§ Poecilus Bon.

subcordatus (Lec.)
scitulus (Lec.)
lustrans Lec.
  Poec. occidentalis ‡ Lec.
occidentalis Mann.
  Feronia occ. Dej.
cyaneus (Lec.)
texanus Lec. n. sp.
chalcites Lec.
  Feronia chalcites Say.
  Poec. sayi Brullé.
  Poecilus chalc. Kirby.
  Poec. micans Chaud.
cursitor (Lec.)
  Poec. cursorius ‡ Lec.
atratus Lec.
  Feronia atrata Newm.
lucublandus Lec.
  Feronia luc. Say.
  Poec. lucublandus Kirby.
  var. Poec. fraternus Say.
  var. Poec. castanipes Kirb.
  var. Poec. dilatatus Lec.
bicolor (Lec.)
convexicollis Lec.
  Feronia conv. Say.
  Poecilus conv. Lec.
splendidulus Lec. n. sp.

§ Lagarus Chaud.?

erythropus Lec.
  Feronia er. Dej.
  Platyderus nitidus Kirby.

[1] This division includes all the American species without dorsal punctures, and subsequently embraces also Brachystylus Chaud.

§ Piesmus Lec.

submarginatus *Lec.*
Feronia subm. *Say.*
Poec. monedula *Germ.*
?Fer. picipes *Newm.*

§ Omaseus Ziegl.

acutangulus *Lec.*
Lyperus ac. *Chaud.*
caudicalis *Lec.*
Feronia caud. *Say.*
Om. nigrita? *Kirby.*
Stereocerus caud. *Lec.*
luctuosus *Lec.*
Feronia luct. *Dej.*
Fer. hamata *Harris.*
Pt. abjectus *Lec.*
corvinus *Lec.*
Feronia corv. *Dej.*
Fer. subpunctata *Harris.*
Om. tenebrosus *Chaud.*
rufiscapus (*Mann.*) —

§ Argutor Meg.

patruelis *Lec.*
Feronia pat. *Dej.*
desidiosus *Lec.* n. sp.
femoralis (*Kirby.*)
bicolor (*Kirby.*) —
linearis (*Mann.*) —

§ Dysidius Chaud.

purpuratus *Lec.*
mutus *Lec.*
Fer. polita *Harris.*
Feronia muta *Say.*
Fer. morosa *Dej.*
Om. pleuralis *Kirby.*
lustrans *Lec.*
puncticollis. —
Platysma punct. *Motsch.*

§ Platysma Bon.[1]

oregonus *Lec.*
maeklini *Lec.*
Fer. vitrea auct. (var. am.)
adstrictus *Esch.*
Poecilus adstr. *Germ.*
Feronia adstr. *Dej.*
Pl. oblongiuscula *Motsch.*
luczotii *Lec.*
Feronia lucz. *Dej.*
Fer. oblongopunctata *Say.*
Om. orinomum *Kirby.*
Pl. motschulskyi *Mäklin.*
e. sexpunctatus (*Mann.*)
Pl. oblongonotus *Motsch.*
seriepunctatus *Mann.*
commixtus *Mäkl.* —
Bothriopterus com. *Chaud.*
fuscoaeneus *Mann.* —
Omaseus fusc. *Chaud.*

§ Cryobius Chaud.

rugulosus *Mann.*
Steropus rug. *Motsch.*
vindicatus *Mann.*
ventricosus *Mann.*
Poecilus ventr. *Esch.*
Feronia ventr. *Dej.*
subexaratus (*Mann.*)
pinguedineus *Mann.*
Poecilus ping. *Esch.*
Feronia ping. *Dej.*
hyperboreus *Mann.*
similis *Mann.*
quadricollis (*Mann.*)
fatuus (*Mann.*)
riparius *Mann.*
Feronia rip. *Dej.*
hudsonicus *Lec.* n. sp.
subcaudatus (*Mann.*)
empetricola *Mann.*
Feronia emp. *Dej.*
fastidiosus (*Mann.*)
mandibularis *Lec.*
Argutor mand. *Kirby.*
Feronia ochotica *Sahl.*
brevicornis. —
Argutor brev. *Kirby.*
an Pl. fastidiosus?
ruficollis (*Mann.*) —
rotundicollis (*Mann.*) —

§ Steropus Meg.

obscurus *Lec.*
Feronia obs. *Say.*
ventralis *Lec.*
Feronia ventr. *Say.*
tumescens *Lec.* n. sp.

§ Pterostichus Bon.

mancus *Lec.*
Evarthrus manc. *Lec.*
lubricus *Lec.*
?Feronia carbonaria *Dej.*
coracinus *Lec.*
Feronia cor. *Newm.*
adjunctus *Lec.*
sodalis *Lec.*
stygicus *Lec.*
Feronia styg. *Say.*
Fer. bisigillata *Harris.*
Omaseus rugicollis *Hald.*
monedula (*Newm.*) —
moerens (*Newm.*) —
picipes (*Newm.*) —
an P. submarginatus?
protensus *Lec.* n. sp.
moestus *Lec.*
Feronia moest. *Say.*
Fer. superciliosa *Say.*
Fer. relicta *Newm.*
punctatissimus *Randall.*

§ Haptoderus Chaud.?

honestus *Lec.*
Feronia hon. *Say.*
Fer. fastidita *Dej.*
Stomis americana *Lap.*
lachrymosus *Lec.*
Feronia lachr. *Newm.*

§ Abacidus Lec.

fallax *Lec.*
Feronia fallax *Dej.*
sculptus *Lec.*
Feronia striata? *Dej.*

§ Pseudoferonia Lec.

permundus *Lec.*[3]
Feronia perm. *Say.*

Holciophorus Lec.

ater *Lec.*
Feronia atra *Dej.*
Percus lucens *M. n.*

Lophoglossus Lec.

haldemani *Lec.*
Lyperus hald. *Lec.*
tartaricus *Lec.*
Feronia tart. *Say.*
Feronia complanata *Dej.*
strenuus *Lec.*
scrutator *Lec.*
Lyperus scrut. *Lec.*

Myas Dej.

coracinus *Brullé.*
Feronia cor. *Say.*
M. cyanescens *Dej.*
foveatus *Lec.*

Amara Bon.

§ Leiocnemis Zim.

avida *Lec.*
Zabrus avidus *Say.*
Am. conflata *Dej.*

---

1 *Bothriopterus Chaud.*
2 *Feronia quadricollis Lec.* = Pt. parallelus of Europe.
3 *Feronia clandestina* Dej. is probably not a North American species.

§ Stereocerus Kirby.

similis *Lec.*
 Stereocerus sim. *Kirby.*

§ Leirus Zim.

jacobinae *Lec.*
lacustris *Lec.*
laticollis *Lec.*
 ?Curtonotus convexiusculus? *Kirby.*
carinata *Lec.*
californica (*Motsch.*) —
stupida *Lec.*
eschscholtzii *Lec.*
 Leirus esch. *Chaud.*
infausta *Lec.*
 Leir. rufimanus? *Motsch.*
 Leir. carinatus? *Mann.*
melanogastrica *Dej.*
obtusa *Lec.*
 eschscholtzii? *Mann.*
hyperborea *Dej.* —
brunnipennis *Dej.* —
ovipennis (*Motsch.*) —
elongata *Lec.*[1]

§ Bradytus Zim.

exarata *Dej.*
furtiva *Say.*
oregona *Lec.*
libera *Lec.*
 Isopleurus hyp.? *Lec.*
septentrionalis *Lec.*
 Isopleurus sept. *Lec.*
 ?Isopl. nitidus? *Kirby.*
glacialis *Lec.*
 Bradytus glac. *Mann.*

§ Amara Bon.; Zim.

angustata *Say.*
 Feronia ang. *Say.*
 Am. indistincta *Hald.*
pallipes *Kirby.*
 Triaena depressa *Lec.*
scitula *Zimm.*
longula *Zimm.*
insignis *Dej.*
 var. Celia coerulea *Mannh.*
basilaris *Say.*
 Feronia bas. *Say.*
 Am. lucidula *Dej.*
chalcea *Dej.*
impuncticollis *Say.*
 Feronia imp. *Say.*
 Am. trivialis? *Dej.*
 Am. anthracina *Hald.*
 Am. difficilis *Lec.*
 Am. brunnipes *Motsch.*
littoralis *Zimm.*
inepta *Lec.*
crassispina *Lec.*
conflata *Lec.*
 impressicollis *Mannh.*
fallax *Lec.*
subpunctata *Lec.*
confusa *Lec.*
polita *Lec.*
convexa *Lec.*[2]

§ Celia Zimm.

erratica *Sturm.*
 Celia err. *Zimm.*
 Am. punctulata *Dej.*
laevipennis *Kirby.*
discors *Kirby.* —
interstitialis *Dej.*
 Celia int. *Zimm.*
 ?Am. patruelis *Dej.*
 Am. inaequalis *Kirby.*
 Am. splendida *Hald.*
farcta *Lec.*
californica *Dej.*
 Celia cal. *Zimm.*
obesa *Say.*
 patricia? *Dej.*
 Feronia ob. *Hald.*
diffinis *Lec.*
 Feronia diff. *Lec.*
 an praec. [illegible]?
terrestris *Lec.*
 Isopleurus terr. *Lec.*
remotestriata *Dej.*
 Celia remota *Zimm.*
 C. [illegible] *Mann.*
indistincta (*Mann.*) —
amplicollis (*Mann.*) —
purpurascens (*Motsch.*)
gibba *Lec.*
 Celia gibba *Lec.*
rubrica *Hald.*
subaenea *Lec.*
 Acrodon sub. *Lec.*
musculus *Say.* (—lis).
 Acrodon musc. *Lec.*
 Ac. contempta *Lec.*
harpalina *Lec.*
rectangula *Lec.*
aurata *Dej.*
 Celia aur. *Zimm.*

LICININI.

Badister Clairv.

notatus *Hald.*
 terminalis *Lec.*
pulchellus *Lec.*
maculatus *Lec.*
flavipes *Lec.*
micans *Lec.*
submarinus *Motsch.*
ferrugineus *Dej.* —
anthracinus *Lec.*

Diplochila Brullé.

laticollis *Lec.*
 Rembus lat. *Lec.*
 R. assimilis *Lec.*
— major *Lec.* (Rembus).
impressicollis *Brullé.*
 Rembus imp. *Dej.*
obtusus *Lec.*
 Rembus obt. *Lec.*

Dicaelus Bon.

laevipennis *Lec.*
costatus *Lec.*
dejeanii *Dej.*
dilatatus *Say.*
 quadratus *Fortl.*
splendidus *Say.*
 var. decoloratus *Lec.*
purpuratus *Bon.*
 var. chalybeus *Dej.*
 var. confusus *Lec.*
 var. violaceus *Bon.*
 var. cyaneus *Dej.*
 var. iricolor *Lec.*
quadratus *Lec.*
 lecontei *Fortl.*
carinatus *Dej.*
alternans *Dej.*
sculptilis *Say.*
crenatus *Lec.*
planicollis *Lec.*
furvus *Say.*
ovalis *Lec.*
simplex *Dej.*
 var. [illegible] *Lec.*
opacus *Fortl.*
elongatus *Dej.*
turbulentus *Lec.* n. sp.
reflexus *Lec.*
 ?ambiguus *Fortl.*
teter *Bon.*
politus *Dej.*
 leonardii *Harris.*

CHLAENIINI.

Anomoglossus Ch.

emarginatus *Chaud.*
 Chlaenius emarg. *Say.*

---

[1] What are *Curtonotus rufimanus* and *brevilabris* Kirby?

[2] The European *A. vulgaris* is said by Kirby to occur in the northern part of the continent; and *A. aprica* is cited as an American species by Zimmermann.

pusillus *Chaud.*
Callistus pus. *Say.*
Chl. elegantulus *Dej.*
amoenus *Lec.*
Chlaenius am. *Dej.*

Chlaenius Bon.

posticus *Lec.*
apicalis? *Lec.*
ruficauda *Chaud.*
viridifrons *Esch.* —
patruelis *Lec.*
aestivus *Say.*
cobaltinus *Dej.*
var. congener *Lec.*
erythropus *Germ.*
rufilabris *Dej.*
fuscicornis *Dej.*[1]
laticollis *Say.*
difficilis *Chaud.*
?var. platyderus *Chaud.*
regularis *Lec.*
rufipes *Dej.*
var. brevicollis? *Lec.*
brachyderus *Chaud.*
lithophilus *Say.*
viridanus *Dej.*
augustus *Newm.*
lecontei *Hald.*
sericeus *Say.*
Carabus ser. *Forster.*
var. Chl. perviridis *Lec.*
prasinus *Dej.*
smaragdinus *Chaud.*
sparsus *Lec.* n. sp.
cumatilis *Lec.*
leucoscelis *Chevr.*
monachus *Lec.*
chlorophanus *Dej.*
cordicollis *Kirby.* —
solitarius *Say.*
nemoralis *Say.*
pennsylvanicus *Say.*
pubescens *Harris.*
vicinus *Dej.*
oxygonus *Chaud.*
longicollis *Chaud.*
?fulgiceps *Newm.*
?quadricollis *Kirby.*
tricolor *Dej.*
brevilabris *Lec.*
?impunctifrons? *Kirby.*
var. consimilis *Lec.*
nebraskensis *Lec.*
simillimus *Chaud.*
vicinus? *Mann.*

rogator *Motsch.* —
glaucus *Lec.*
sericimicans *Chaud.*
vafer *Lec.*
variabilipes *Esch.*
asperulus *Mann.*
obscurus *Lec.*
a. **obsoletus** *Lec.*
circumcinctus *Say.*
virens *Chaud.*
harpalinus *Esch.*
impunctifrons *Say.*
emarginatus? *Kirby.*
niger *Randall.*
elaratus *Ferté.*
purpuricollis *Randall.*
tomentosus *Dej.*
Epomis tom. *Say.*
Amara lacinosa *Germ.*
amplus *Lec.*[2]

Atranus Lec.

pubescens *Lec.*
Anchomenus pub. *Dej.*
Anch. clavatinus *Hald.*

Lachnocrepis Lec.

parallelus *Lec.*
Oodes? parall. *Say.*

Anatrichis Lec.

minuta *Lec.*
Oodes min. *Dej.*

Oodes Bon.

fluvialis *Lec.* n. sp.
americanus *Dej.*
amaroides *Dej.*
texanus *Lec.* n. sp.
14-striatus *Chaud.*
picipes *Lec.*
stenocephalus *Ferté.*
Cromnocrepis qu. *Chaud.*
lecontei *Lec.*
Stenous lec. *Chaud.*
O. 14-striatus? *Lec.*
cupraeus *Chaud.*
leucodactylus *Ferté.*
elegans *Lec.*

Evolenes Lec.

impressus *Lec.*

exaratus *Lec.*
O. exaratus *Dej.*

BROSCINI.

Miscodera Esch.

insignis *Mann.* —
americana *Mann.* —

Haplochile Lec.

pygmaea *Lec.*
Morio pygm. *Dej.*

Psydrus Lec.

piceus *Lec.*

HARPALINI.

Nothopus Lec.

zabroides *Lec.*
Euryderus? zab. *Lec.*
?Amara grossa *Say.*

Geopinus Lec.

incrassatus *Lec.*
Daptus incrassatus *Dej.*

Cratocara Lec.[3]

erro *Lec.*
Melanotus erro *Lec.*

Cratacanthus Dej.

dubius *Lec.*
Harpalus dub. *Beauv.*
Cr. pennsylvanicus *Dej.*

Crategnathus Dej.

setosus *Lec.*
Piosoma set. *Lec.*
alternatus *Lec.* n. sp.
cordatus *Lec.*

Agonoderus Dej.

lineola *Dej.*
Carabus lin. *Fabr.*
Car. furcatus *Fabr.*
pallipes *Dej.*
Carabus pall. *Fabr.*
dorsalis *Lec.*
rugicollis *Lec.*

---

[1] By a typographical error, the names of this and the preceding species have been exchanged on p. 2 of the Proc. Acad. Nat. Sc. Phil. 1848; No. 4 should be *erythropus* and No. 5 *fuscicornis*.

[2] *Dinodes* [illegible] Dej. is probably not North American.

[3] *Melanotus?* Dej.

infuscatus *Dej.*
  suturalis *Lec.*

Discoderus Lec.

impotens *Lec.*
  Harpalus imp. *Lec.*
amoenus *Lec.* n. sp.
parallelus *Lec.*
  Selenophorus par. *Hald.*
tenebrosus *Lec.*
  Selenophorus ten. *Lec.*
americanus. —
  Pangus am. *Motsch.*

Anisodactylus Dej.

§ Dicheirus Mann.

dilatatus *Lec.*
  Harpalus dil. *Dej.*
hirsutus (*Mén.*)
brunneus. —
  Harpalus br. *Dej.*
obtusus *Lec.*
villosus (*Motsch.*) —
irregularis (*Motsch.*) —
piceus (*Mén.*)
  parallelus *Lec.*
pallidus (*Motsch.*) —

§ Triplectrus Lec.

merula *Dej.*
  Harpalus mer. *Germ.*
rusticus *Dej.*
  var. pinguis *Lec.*
  var. crassus *Lec.*
  var. gravidus *Lec.*
  var. tristis *Dej.*
ellipticus *Lec.*
carbonarius *Lec.*
  Harpalus carb. *Say.*
  An. luctuosus *Dej.*
  var. An. rufipennis *Lec.*

§ Anisodactylus Dej.

nigerrimus *Lec.*
  Harpalus nig. *Dej.*
  Harp. laticollis *Kirby.*
punctulatus *Lec.* n. sp.
furvus *Lec.* n. sp.
harrisii *Lec.* n. sp.
melanopus *Lec.*
  Harpalus mel. *Hald.*
  An. agricola] *Lec.*
  var. interpunctatus *Lec.*
    ?Harpalus int. *Kirby.*
nigrita *Dej.*
agricola *Dej.*
  Harpalus agr. *Say.*
  Harp. paradoxus *Hald.*
  An. striatus *Lec.*
semipunctatus *Lec.*

consobrinus *Lec.*
  var. brevicollis *Lec.*
  var. confusus *Lec.*
californicus *Dej.*
similis *Lec.*
discoideus *Dej.*
baltimorensis *Dej.*
  Harpalus balt. *Say.*
  ?Carabus st. crucis *Fabr.*
pityochrous *Lec.*
chalceus *Lec.*
viridescens *Lec.*
sublaevis *Lec.*
  Ophonus subl. *Motsch.*
alternans *Lec.*
rudis *Lec.* n. sp.
porosus. —
  Ophonus por. *Motsch.*

§ Haplocentrus Lec.

laetus *Dej.*
amaroides *Lec.*
coenus *Dej.*
  Harpalus coenus *Say.*
  var. An. subaeneus *Lec.*
obscurus *Lec.*

§

sericeus *Lec.*
  Harpalus ser. *Harris.*
  Harp. femoratus *Dej.*
  An. femoratus *Brullé.*
  Amphasia fem. *Lec.*

Xestonotus Lec.

lugubris *Lec.*
  Selenophorus lug. *Dej.*

Spongopus Lec.

verticalis *Lec.*

Amphasia Newm.

interstitialis *Lec.*
  Harpalus int. *Say.*
  Harp. obscuripennis *Dej.*
  Amph. fulvicollis *Newm.*

Eurytrichus Lec.

maculicornis *Lec.*
  ?Harpalus mac. *Chaud.*
flebilis *Lec.* n. sp.
piceus *Lec.*
terminatus *Lec.*
  Feronia term. *Say.*
  Harpalus term. *Dej.*
  Harp. testaceus *Hald.*
agilis *Lec.*
  Harpalus ag. *Dej.*
  ?Harp. similis *Say.*

nitidipennis *Lec.*

Agonosoma Mén.

californicum *Mén.*
  Stenomorphus cal. *Mann.*

Stenomorphus Dej.

rufipes *Lec.*

Gynandrotarsus Ferté.

harpaloides *Ferté.*
opaculus *Lec.* n. sp.

Gynandropus Dej.

hylacis *Lec.*
  Harpalus hyl. *Say.*
  Gyn. americanus *Dej.*
elongatus *Lec.*

Bradycellus Er.

dichrous *Lec.*
  Harpalus dichr. *Dej.*
  Harp. tricolor *Say.*
vulpeculus *Lec.*
  Harpalus vulp. *Say.*
  Harp. nigripennis *Dej.*
obesulus *Lec.*
  Harp. obesulus *Lec.*
autumnalis *Lec.*
  Harpalus aut. *Say.*
  Geobaenus aut. *Lec.*
arenarius *Lec.*
  Geobaenus ar. *Lec.*
quadricollis *Lec.*
  Geobaenus qu. *Lec.*
nigrinus *Lec.*
  Harpalus nigr. *Dej.*
tibialis *Lec.*
  Trechus tib. *Kirby.*
atrimedius *Lec.*
  Feronia atr. *Say.*
  Trechus similis *Kirby.*
badiipennis *Lec.*
  Stenolophus bad. *Hald.*
  Geob. rufimanus] *Lec.*
lugubris *Lec.*
  Geobaenus lug. *Lec.*
conflagratus *Lec.*
  Acupalpus confl. *Mann.*
axillaris *Lec.*
  Acupalpus ax. *Mann.*
cognatus *Schiödte.*
  Harpalus cogn. *Gyll.*
  Ac. longiusculus *Mann.*
  var. B. atrus *Lec.*
congener *Lec.*
  Geobaenus cong. *Lec.*
  ?Acup. debilipes *Say.*

nebulosus *Lec.*
  Acup. suturalis‡ *Lec.*
?indistinctus. —
  Acupalpus ind. *Dej.*
rupestris *Lec.*
  Trechus rup. *Say.*
  Acup. elongatulus *Dej.*
  Trechus flavipes *Kirby.*
symmetricus. —
  Acupalpus sym. *Motsch.*
nubifer *Lec.*
ventralis *Lec.*
rivalis *Lec.*
linearis *Lec.* n. sp.
?immunis. —
  Trechus im. *Kirby.*
?rufiorus. —
  Trechus ruf. *Kirby.*
nitidus *Mann.*
  Acupalpus nit. *Dej.*

Harpalus Latr.

§ Selenophorus Dej.

stigmosus *Germ.*
  Selen. impressus *Dej.*
laetus *Lec.*
beauvoisii (*Dej.*) —
fossulatus (*Dej.*) —
opalinus *Lec.*
  Selen. iripennis‡ *Lec.*
gagatinus (*Dej.*)
  Selen. maurus *Hald.*
  var. S. viridescens *Lec.*
iripennis *Say.*
  S. variicolor *Lec.*
pedicularius (*Dej.*)
troglodytes (*Dej.*)
aeratus (*Lec.*)
  var. S. planipennis *Lec.*
fatuus *Lec.* n. sp.
ovalis (*Dej.*)
ellipticus (*Dej.*)
granarius (*Dej.*)

§ Harpalus Latr.

caliginosus *Say.*
  Carabus cal. *Fabr.*
  Selenophorus cal. *Dej.*
testaceus *Lec.*
  Pangus test. *Lec.*
gravis *Lec.*
erraticus *Say.*
  Car. pensylvanicus‡ *Oliv.*
retractus *Lec.*
  impiger‡ *Lec.*
amputatus *Say.*
  stephensii *Kirby.*
  var. rotundicollis *Kirby.*
viridiaeneus *Beauv.*
  viridis *Say.*
  assimilis *Dej.*
desertus *Lec.*
faunus *Say.*
  badius *Dej.*
longior *Kirby.* —
pensylvanicus *Lec.*
  Carabus pens. *Degeer.*
  C. bicolor *Fabr.*
  Harpalus bic. *Say.*
  Harp. faunus‡ *Dej.*
compar *Lec.*
  bicolor‡ *Dej.*
  pensylvanicus‡ *Say.*
  var. longicollis‡ *Lec.*
erythropus *Dej.*
megacephalus *Lec.*
spadiceus *Dej.*
  ?comis *Hald.*
fallax *Lec.*
fulvilabris *Mann.*
ochropus *Kirby.* —
curtatus *Mann.* —
basilaris *Kirby.* —
pleuriticus *Kirby.*
herbivagus *Say.*
  Ophonus mutabilis *Hald.*
  var. H. proximus *Lec.*
opacipennis *Lec.*
  Ophonus opac. *Hald.*
nitidulus *Chaud.*
ventralis *Lec.*
albionicus *Mann.* —
somnolentus *Dej.*
fraternus *Lec.*
  oblitus *Lec.*
funestus *Lec.*
innocuus *Lec.* n. sp.
cautus *Dej.*
  var. advena *Lec.*
ellipsis *Lec.*
varicornis *Lec.*
carbonatus *Lec.*
laticeps *Lec.*
stupidus *Lec.*
rufimanus *Lec.*
dulcicollis *Fert.* —
alternans *Motsch.* —
depressicollis *Motsch.* —

Stenolophus Dej.

carbonarius *Brullé.*
limbalis *Lec.*
  indistinctus *Motsch.*
spretus *Dej.*
fuliginosus *Dej.*
  versicolor *Kirby.*
  var. fuscipennis *Lec.*
plebejus *Dej.*
  versicolor var.‡ *Kirby.*
fuscatus *Dej.*
conjunctus *Lec.*
  Trechus con. *Say*
  Acupalpus misellus *Dej.*
  var. Ac. rotundicollis *Hald.*
  var. Ac. lugubris *Hald.*
rotundatus *Lec.* n. sp.

§

flavipes *Lec.*
ochropezus *Dej.*
  Feronia ochr. *Say.*
  var. S. convexicollis *Lec.*
anceps *Lec.*
  rotundicollis *Motsch.*
dissimilis *Dej.*
cincticollis *Lec.*
unicolor *Dej.*

§ Acupalpus Dej.

humilis (*Dej.*)
partiarius *Lec.*
  Trechus part. *Say.*
  Ac. pauperculus *Dej.*
  Ac. consimilis *Dej.*
testaceus (*Dej.*)
  Ac. micros *Lec.*
californicus *Lec.*
neglectus *Lec.*
  Geobaenus neg. *Lec.*
tantillus (*Dej.*)
difficilis (*Dej.*)
hydropicus *Lec.* n. sp.
carus *Lec.* n. sp.
longulus (*Dej.*)

Philodes Lec.

alternans *Lec.*
  Badister testaceus *Lec.*
  Aepus testaceus *Lec.*
  Stenolophus test.‡ *Lec.*
tener *Lec.*
  Stenolophus tener *Lec.*

POGONINI.

Patrobus Dej.

longicornis *Say.*
  Feronia long. *Say.*
  P. americanus *Dej.*
tenuis *Lec.*
  Pterostichus ten. *Lec.*
hyperboreus *Dej.*
fossifrons *Dej.*
longiventris *Mann.*
rufipes *Lec.* n. sp.
fulvus *Mann.* —
angusticollis *Mann.* —
foveicollis *Dej.*

angicollis *Randall.*
aterrimus *Dej.*
californicus *Motsch.*

TRECHINI.

Anophthalmus St.

tellkampfii *Er.*
angulatus *Lec.* n. sp.

Trechus Clairv.

rubens *Schiödte.*
 Carabus rub. *Fabr.*
 T. paludosus *Sturm.*
micans *Lec.*
 Epaphius mic. *Lec.*
 var. E. fulvus *Lec.*
californicus *Motsch.*
chalybeus *Mann.*
ovipennis *Motsch.*
laevigatus *Lec.*[1]

BEMBIDIINI.

Amilius Duval.

debilis *Lec.*

Lymnaeum Steph.

laticeps *Lec.*

Bembidium Latr.

punctatostriatum *Say.*
 stigmaticum *Dej.*
 ?sigillare *Say.*
impressum *Gyll.*
 Carabus imp. *Fabr.*
paludosum *Sturm.*
 v. **lacustre** *Lec.*
inaequale *Say.*
 arenarium *Dej.*

§ Odontium Lec.

carinatum *Lec.*
sculpturatum (*Motsch.*)
coxendix *Say.*
nitidulum *Dej.*
 an praec. var.?

§ Eudromus Kirby.

nitidum (*Kirby.*)
obliquulum *Lec.*
 var. apiata *Lec.*
erasum *Lec.*

§

bifossulatum *Lec.*
 Ochthedromus bif. *Lec.*
americanum *Dej.*
dilatatum *Lec.*
 Ochthedromus dil. *Lec.*
antiquum *Dej.*
 var. O. basalis *Lec.*
 ?B. honestum *Say.*
chalceum *Dej.*

§

salebratum *Lec.*
 Ochthedromus sal. *Lec.*
 var. O. purpuraceum *Lec.*
longulum *Lec.*
 Ochthedromus long. *Lec.*
 var. O. subaeneus *Lec.*
quadrulum *Lec.*
recticolle *Lec.* n. sp.

§

nigrum *Say.*

§

planatum *Lec.*
 Ochthedromus pl. *Lec.*
simplex *Lec.*
planiusculum *Mann.*
complanulum *Lec.*
 Peryphus comp. *Mann.*
incertum *Mann.*
 Notaphus incert. *Motsch.*
tetraglyptum *Lec.*
 Peryphus tetr. *Mann.*
kuprianovi *Mann.* —
biimpressum *Mann.* —
breve *Mann.* —
4-foveolatum *Mann.* —
funereum *Lec.*
machilai *Lec.*
 incertum var.? *Mann.*
nebraskense *Lec.* n. sp.

§ Peryphus Meg.

fugax *Lec.*
 Ochthedromus f. *Lec.*
 Och. planipennis *Lec.*
planum *Lec.*
 Peryphus pl. *Hald.*
perspicuum *Lec.*
 Ochthedromus per. *Lec.*
transversale *Dej.*
 var. Och. compar *Lec.*
mannerheimii *Lec.*
 Ochthedromus mann. *Lec.*
 B. transversale? *Mann.*
 Peryphus ornatus *Motsch.*

lugubre *Lec.*
parallelocolle (*Mot.*) —

§ Peryphus Meg.

striola *Lec.*
 Ochthedromus str. *Lec.*
bimaculatum (*Kirby.*)
sordidum (*Kirby.*) —
subfasciatum (*Motsch.*) —
lucidum *Lec.*
 Ochthedromus luc. *Lec.*
 var. O. substrictum *Lec.*
rupestre *Dej.*
 Carabus rup. *Fabr.*
 B. tetracolum *Say.*
 var. rupicola *Kirby.*
mixtum *Lec.*
 Per. lucidus var. b? *Mann.*
picipes (*Kirby.*)
concolor (*Motsch.*) —
gelidum *Lec.*
 Ochthedromus gel. *Lec.*
postremum *Say.*
 Per. scopulinus *Kirby.*
aratum *Lec.*
 Ochthedr. arat. *Lec.*
grapii *Gyll.*
nitens *Lec.*
 Ochthedromus nit. *Lec.*
 Per. picipes? *Mann.*
dyschirinum *Lec.*

§

spectabile *Lec.*
 Trechus spect. *Mann.*
oblongulum *Lec.*
 Trechus obl. *Mann.*

§ Notaphus Meg.

insulatum *Lec.*
 Ochthedromus ins. *Lec.*
cordatum *Lec.*
 Ochthedromus cord. *Lec.*
laticolle *Lec.*
 Ochthedromus lat. *Lec.*
laterimaculatum (*Mot.*) —
undulatum *Sturm.*
incrematum *Lec.*
 nigripes? *Mann.*
obtusangulum *Lec.* n. sp.
approximatum *Lec.*
 Ochthedromus app. *Lec.*
 N. femoralipennis *Motsch.*
 var. O. consentaneus *Lec.*
indistinctum *Dej.*
fraternum *Lec.*
viridicolle (*Ferté.*)
variolosum (*Motsch.*)
dorsale *Say.*

[1] *T. oblongulus* and *T. spectabilis* Mann. belong to Bembidium.

umbratum *Lec.*
  Ochthedromus umb. *Lec.*
intermedium (*Kirby.*) —
nigripes (*Kirby.*)
  ?N. quadricollis *Mann.*
obscuromaculatum (*Motsch.*) —
tessellatum *Lec.*
  Ochthedromus tess. *Lec.*
aenicolle *Lec.*
  Ochthedromus aen. *Lec.*
patruele *Dej.*
  vix a seq. differt.
variegatum *Say.*
  var. N. postremus *Hald.*
rapidum *Lec.*
  Ochthedromus rap. *Lec.*
versicolor *Lec.*
  Ochthedromus vers. *Lec.*
  N. variegatus? *Kirby.*
  var. Och. mimus *Lec.*
  ?var. Och. timidus *Lec.*
pictum *Lec.*
  Ochthedromus pict. *Lec.*
constrictum *Lec.*
  Ochthedromus const. *Lec.*
  Bemb. contractum? *Dej.*
contractum *Say.*
ephippiger *Lec.*
  Ochthedromus eph. *Lec.*
morium *Lec.* n. sp.
grandicolle *Lec.*
  Ochthedromus gr. *Lec.*
vile *Lec.*
  Ochthedromus vile *Lec.*

§

sexpunctatum *Lec.*
  Ochthedromus sexp. *Lec.*

§

sulcatum *Lec.*
  Ochthedromus sulc. *Lec.*
  var. O. trepidus *Lec.*
fortistriatum *Mann.* —
  Omala fort. *Motsch.*
  an a praec. diff.?

§ Leja Meg.

affine *Say.*
  fallax *Dej.*
  decipiens *Dej.*
dubitans *Lec.*
  Ochthedromus d. *Lec.*
crurale *Lec.*
  Ochthedromus cr. *Lec.*
angulifer *Lec.*
  Ochthedromus ang. *Lec.*
  ?Nimola polita *Motsch.*
connivens *Lec.*
  Ochthedromus conn. *Lec.*

cautum *Lec.*
  Ochthedromus c. *Lec.*
frontale *Lec.*
  Ochthedromus f. *Lec.*
mundum *Lec.*
  Ochthedromus m. *Lec.*
  Lopha bifasciata *Motsch.*

§ Lopha Meg.

axillare *Lec.*
  Ochthedromus ax. *Lec.*
quadrimaculatum (*Gyll.*)
  Cicindela qu. *Linn.*
  Bemb. oppositum *Say.*
pedicellatum *Lec.*

§

semistriatum *Lec.*
  Leja semis. *Hald.*

§ Hydrium Lec.

laevigatum *Say.*

§

trechiforme *Lec.*
  Ochthedromus tr. *Lec.*
iridescens *Lec.*
  Ochthedromus ir. *Lec.*

Tachys Ziegler.

vittiger *Lec.*
  var. marginellus *Lec.*
mordax *Lec.*
proximus *Lec.*
  Bembidium pr. *Say.*
virgo *Lec.*
scitulus *Lec.*
vorax *Lec.*
pumilus (*Dej.*)
sequax *Lec.*
corruscus *Lec.*
corax *Lec.*
edax *Lec.*
albipes *Lec.* n. sp.
ventricosus *Lec.* n. sp.
laevus *Lec.*
  Bembidium laev. *Say.*
  B. (T.) troglodytes *Dej.*
misellus *Ferté.* —
aenescens *Lec.*
  Blemus aen. *Lec.*

§ Tachyta Kirby.

nanus *Schaum.*
  Bembidium n. *Gyll.*
  B. inornatum *Say.*
  Tachyta picipes *Kirby.*
rivularis *Mann.*
flavicauda *Lec.*
  Bembidium flav. *Say.*
nigriceps (*Dej.*) —

§

tripunctatus *Lec.*
  Bembidium tr. *Say.*
vivax *Lec.*
  var. mendax *Lec.*
capax *Lec.* n. sp.
xanthopus (*Dej.*)
anthrax *Lec.*
ferrugineus (*Dej.*)
  transversus *Hald.*
obesulus *Lec.*
incurvus *Lec.*
  Bembidium inc. *Say.*
  B. (T.) granarium *Dej.*
  var. T. anceps. *Lec.*
pulchellus *Ferté.*
dolosus *Lec.*
audax *Lec.*
rapax *Lec.*
occultus *Lec.*

Pericompsus Lec.

sellatus *Lec.*
ephippiatus *Lec.*
  Bembidium eph. *Say.*
laetulus *Lec.*

AMPHIZOIDAE.

Amphizoa Lec.

insolens *Lec.*

DYTISCIDAE.

HALIPLIDAE.

Haliplus Latr.

fasciatus *Aubé.*
triopsis *Say.*
pantherinus *Aubé.* —
punctatus *Aubé.*
borealis *Lec.*
concolor *Lec.*
nitens *Lec.*
cribrarius *Lec.*
immaculicollis *Harris.*
  americanus *Aubé.*
  ?impressus? *Kirby.*
longulus *Lec.*

Cnemidotus Ill.

callosus *Lec.*
simplex *Lec.*
12-punctatus *Aubé.*
  Haliplus duod. *Say.*
muticus *Lec.* n. sp.
edentulus *Lec.* n. sp.

DYTISCIDAE (gen. nov.).

HYDROPORINI.

Hydroporus Clairv.

hydropicus *Lec.*
punctatus *Aubé.*
  Laccophilus punct. *Say.*
  Hyphidrus punct. *Harris.*
cuspidatus *Germ.*
  Hygrotus pustulatus *Mels.*
latissimus *Lec.*
acaroides *Lec.*
contractulus *Mann.* —
convexus *Aubé.*
  var. grossus *Lec.*
farctus *Lec.*
exiguus *Aubé.* —
  an hujus Am. bor.?
obscurellus *Lec.*
affinis *Say.*
  nanus *Aubé.*
erythrostomus *Mann.*
macularis *Lec.*
pullus *Lec.*
lacustris *Say.*
  paliarius *Aubé.*
cinctellus *Lec.*
amandus *Lec.*
subtilis *Lec.*
inconspicuus *Lec.*
granarius *Aubé.*
flavicollis *Lec.*
duodecimlineatus *Lec.*
  ?laevis *Kirby.*
  alpinus *Payk.* (C. White).
solitarius *Lec.*
striatellus *Lec.*
eximius *Motsch.*
pulcher *Motsch.* —
rotundatus *Lec.* n. sp.
venustus *Lec.*
striatopunctatus *Mels.*
consimilis *Lec.*
undulatus *Say.*
  fasciatus *Harris.*
  ♂ pubipennis *Aubé.*
  ♀ velutinus *Aubé.*
oppositus *Say.*
  ?proximus *Aubé.*
punctatissimus *Aubé.*
spurius *Lec.*
mixtus *Lec.*
sericeus *Lec.*
semirufus *Lec.*
lineolatus *Lec.*
vittatus *Lec.*
vitiosus *Lec.*
oblongus *Aubé.*
catascopium *Say.*
  interruptus *Say.*
  parallelus *Say.*
griseostriatus *Steph.*
  Dytiscus gr. *De Geer.*
humeralis *Mann.*
signatus *Mann.*
modestus *Aubé.*
  ruficeps *Aubé.*
axillaris *Lec.*
  humeralis! *Lec.*
fortis *Lec.*
notabilis *Lec.*
niger *Say.*
subpubescens *Lec.*
  ♀ hirtellus *Lec.*
truncatus *Mann.* —
tartaricus *Lec.*
americanus *Aubé.*
dichrous *Mels.*
  ?discicollis *Say.*
puberulus *Mann.*
caliginosus *Lec.*
subtonsus *Lec.*
rufinasus *Mann.*
varians *Lec.*
  rufiscapillus *Mann.*
puberulus *Lec.*
nigellus *Mann.*
planatus *Mann.* —
tenebrosus *Lec.*
lutulentus *Lec.*
  luridipennis? *Lec.*
  an praec. var.?
vilis *Lec.*
oblitus *Aubé.*
  luridipennis *Mels.*
  ♀ limbalis *Mels.*
collaris *Lec.*
latebrosus *Lec.*
concinnus *Lec.*
pulcher *Lec.*
conoideus *Lec.*
difformis *Lec.*
similis *Kirby.*
picatus *Kirby.*
dispar *Lec.*
decemlineatus *Mann.*
quadrilineatus *Mann.*
turbidus *Lec.*
suturalis *Lec.*
ovoideus *Lec.*
medialis *Lec.*
  ?Hyg. impressifrons *Motsch.*
fraternus *Lec.*
patruelis *Lec.*
nigrolineatus *Steph.* —
lutescens *Lec.*
nubilus *Lec.*
discoideus *Lec.*
sulions *Aubé.* —
hybridus *Lec.*
mellitus *Lec.*

Celina Aubé.

grossula *Lec.* n. sp.
angustata *Aubé.*

NOTERINI.

Colpius Lec.

inflatus *Lec.* n. sp.

Suphis Aubé.

bicolor *Lec.*
  Noterus bicolor *Say.*
  S. gibbulus *Aubé.*

Hydrocanthus Say.

iricolor *Say.*
atripennis *Say.*
nanulus *Lec.* n. sp.

COLYMBETINI.

Laccophilus Leach.

maculosus *Say.*
  Dytiscus mac. *Germ.*
truncatus *Mann.*
  californicus *Motsch.*
fasciatus *Aubé.*
  var. rufus *Mels.*
  ?biguttatus *Kirby.*
proximus *Say.*
  americanus *Aubé.*
undatus *Aubé.*
gentilis *Lec.* n. sp.

Coptotomus Say.

difficilis *Lec.*
interrogatus *Aubé.*
  Dytiscus int. *Fabr.*
  Colymbetes venustus *Say.*
  ?Copt. serripalpis *Say.*
longulus *Lec.*

Matus Aubé.

bicarinatus *Aubé.*
  Colymbetes bicar. *Say.*

Copelatus Er.

glyphicus *Lec.*
  Colymbetes glyph. *Say.*
  Cop. decemstriatus *Aubé.*

punctulatus *Aubé*.
chevrolatii *Aubé*.

Anisomera Aubé

cordata *Lec*.

Agabus Leach (em. Er.)

subopacus *Mann.* —
parallelus *Lec*.
hypomelas *Mann*.
seriatus *Lec*.
  Colymbetes seriatus *Say*.
  Ag. striatus *Aubé*.
  Ag. strictus *Mels*.
obsoletus *Lec*.
aeruginosus *Aubé*.
  punctatus *Mels*.
punctulatus *Aubé*.
laevidorsum *Lec*.
discolor *Lec*.
  Colymbetes disc. *Harris*.
morulus *Lec*.
glabrellus —
  Colymbetes gl. *Motsch*.
taeniolatus *Lec*.
  Colymbetes taen. *Harris*.
  Ag. taeniatus *Aubé*.
lineellus *Lec*.
semipunctatus *Lec*.
  Colymbetes sem. *Kirby*.
confertus *Lec*.
semivittatus *Lec*.
  var. spilotus *Lec*.
stagninus *Lec*.
  Colymbetes st. *Say*.
  Ag. striola *Aubé*.
gagates *Aubé*.
nitidus *Lec*.
  Colymbetes nit. *Say*.
obtusatus *Lec*.
  Colymbetes obt. *Say*.
regularis *Lec*.
  Ilybius reg. *Lec*.
lugens *Lec*.
brevicollis *Lec*.
brachynotus *Lec*.
strigulosus *Lec*.
tristis *Aubé*.
  var. dubius *Mann*.
scapularis *Mann*.
  var. anthracinus *Mann*.
morosus *Lec*.
fimbriatus *Lec*.
  reticulatus *Aubé*.
intersectus *Lec*.
griseipennis *Lec*.
bifarius *Lec*.
  Colymbetes bif. *Kirby*.
inscriptus *Lec*.

acuductus *Lec*.
  Colymbetes ac. *Harris*.
  Ag. rugulosus *Aubé*.
discors *Lec*.
erythropterus *Aubé*.
  Colymbetes er. *Say*.
ovoideus *Lec*.
atratus *Mann.* —
ambiguus *Lec*.
  Colymbetes amb. *Say*.
  Ag. infuscatus *Aubé*.
luteosus *Lec*.
obliteratus *Lec*.
  (Colym. phaeopterus *Kirby*.
  Ag. discolor) *Lec*.
subfasciatus *Lec*.
clavatus *Lec*.
bicolor. —
  Colymbetes bic. *Kirby*.
irregularis *Mann.* —
sobrinus. —
  Colymbetes sob. *Motsch*.
fossiger. —
  Colymbetes foss. *Motsch*.

Colymbetes Clairv.

§ Ilybius Er.

angularis *Lec*.
biguttulus *Lec*.
  Dytiscus big. *Germ*.
  Col. fenestralis *Say*.
  Ilybius fe. *Aubé*.
  var. Il. pleuriticus *Lec*.
quadrimaculatus (*Aubé*.)
fraterculus *Lec*.
laramaeus (*Lec*.)
picipes *Kirby*.
ignarus *Lec*.
sinuatus *Lec*.
?oblongus. —
  Ilybius obl. *Motsch*.
  an Ag. brevicollis *Lec*.?

§ Meladema Lap.

angustus *Lec*.
  Agabus ang. *Lec*.

§ Cymatopterus Esch.

obscuratus (*Mann*.)
seminiger *Lec*.
longulus *Lec*.
strigosus *Lec*.
exaratus *Lec*.
sculptilis *Harris*.
  tuberculatus *Kirby*.
densus *Lec*.
dolabratus *Payk*.
groenlandicus *Aubé*.
drewsenii *Lec*.

§

binotatus *Harris*.
  marginicollis *Aubé*.
divisus *Aubé*.
consimilis. —
  Rhantus cons. *Motsch*.
agilis *Aubé*.
  Dytiscus agilis *Fabr*.
calidus *Aubé*.
  Dytiscus cal. *Fabr*.
  Col. tarsalis *Say*.
  Hydat. meridionalis *Mels*.

DYTISCINI.

Hydaticus Leach.

bimarginatus *Lec*.
  Dytiscus bim. *Say*.
  Hyd. fulvicollis *Aubé*.
cinctipennis *Aubé*.
piceus *Lec*. n. sp.

§ Graphoderes Esch.

fasciicollis *Harris*.
  Hyd. zonatus var. *Aubé*.
liberus *Lec*.
  Dytiscus lib. *Say*.
  D. (H.) thoracicus *Harris*.
  Colymb. rugicollis *Kirby*.

§ Thermonectes Esch.

ornaticollis *Lec*.
  Acilius orn. *Aubé*.
  Therm. irroratus *Mels*.
latecinctus *Lec*.
  Acilius lat. *Lec*.
basillaris *Lec*.
  Dytiscus bas. *Harris*.
  Acilius incisus *Aubé*.
  Therm. nimbatus *Mels*.
marmoratus *Aubé*.
  Colymbetes marm. *Hope*.
  Hyd. flavomaculatus (*Chevr*.
  Acilius maculatus) *Lec*.

Acilius Leach.

mediatus *Aubé*.
  Dytiscus med. *Say*.
  Col. marculicollis *Kirby*.
simplex *Lec*.
latiusculus *Lec*.
abbreviatus *Mann*.
fraternus *Lec*.
  Dytiscus frat. *Harris*.
  Ac. semisulcatus *Aubé*.

Eunectes Er.

sticticus *Er*.
  Dytiscus stict. *Linn*.
  Dyt. griseus *Fabr*.

Dytiscus Linn.

confluens *Say.*
 oeiglebekii *Kirby.*
 var. franklinii *Kirby.*
v. ventralis *Motsch.*
fuscostriatus *Motsch.* —
anxius *Mann.*
parvulus *Mann.*
marginicollis *Lec.*
 var. albionicus *Motsch.*
cordieri *Aubé.*
sublimbatus *Lec.*
fasciventris *Say.*
 carolinus *Aubé.*
harrisii *Kirby.*
verticalis *Say.*
hybridus *Aubé.*
 semper *Mels.*

Cybister Curtis.

fimbriolatus *Mels.*
 Dytiscus fimb. *Say.*
 Cyb. dissimilis *Aubé.*
ellipticus *Lec.*
explanatus *Lec.*

GYRINIDAE.

Gyrinus Linn.

sayi *Aubé.*
aubei *Lec.*
 analis *Aubé.*
borealis *Aubé.*
impressicollis *Kirby.*
opacus *Sahlberg.*
picipes *Aubé.*
affinis *Aubé.*
plicifer *Lec.*
consobrinus *Lec.*
fuscipes *Motsch.*
marginiventris *Motsch.*
limbatus *Say.*
confo rmis *Aubé.*
lateralis *Aubé.*
ventralis *Kirby.*
analis *Say.*
dichrous *Mels.*
minutus *Linn.*[1]

Dineutus McLeay.

sublineatus *Aubé.*
 ♀ integer, *Lec.*

vittatus *Aubé.*
 Gyrinus vitt. *Germ.*
emarginatus *White.*
 Gyrinus em. *Say.*
 D. americanus, *Aubé.*
opacus *Mels.*
americanus *White.*
 Gyrinus am. *Linn.*
 D. assimilis *Aubé.*
 Cyclinus assimilis *Kirby.*
discolor *Aubé.*
labratus *Mels.*

Gyretes Brullé.

sinuatus *Lec.*
compressus *Lec.* n. sp.

HYDROPHILIDAE.

HELOPHORINI.

Helophorus Fabr.

oblongus *Lec.*
lacustris *Lec.*
obscurus *Lec.*
nitidulus *Lec.*
linearis *Lec.*
alternatus *Lec.*
ventralis *Motsch.*
 an seq. gen.?
lineatus *Say.*
obsoletesulcatus *Mot.* —
granularis *Motsch.* —
angustulus *Mann.*
inquinatus *Mann.*
 var. consimilis *Mann.*
 an a seq. diff.?
auricollis *Esch.* —
scaber *Lec.*

Hydrochus Germ.

scabratus *Muls.*
 gibbosus *Mels.*
callosus *Lec.*
squamifer *Lec.*
rugosus *Mels.*
 grandis *Motsch.*
inaequalis *Lec.*
excavatus *Lec.*
rufipes *Mels.*
foveatus *Hald.*
variolatus *Lec.*
vagus *Lec.*
simplex *Lec.*

Ochthebius Leach.

puncticollis *Lec.*
interruptus *Lec.*
lineatus *Lec.*
cribricollis *Lec.*
nitidus *Lec.*
foveatus *Lec.*
holmbergi *Mäklin.*

Hydraena Kug.

pensylvanica *Kies.*
punctata *Lec.*
marginicollis *Kies.*

HYDROPHILINI.

Hydrophilus Geoffr.

ovalis *Ziegl.*
triangularis *Say.*[2]
 trilatis *Motsch.*
 Stethoxus subsulcatus *Lec.*

§ Tropisternus Sol.

lateralis *Herbst.*
 ?lateralis *Fabr.*
 nimbatus *Say.*
limbalis *Lec.*
 Trop. marginatus *Motsch.*
 var. T. humeralis *Motsch.*
californicus *Lec.*
sublaevis *Lec.*
glaber *Herbst.*
mixtus *Lec.*
ellipticus *Lec.*
 Trop. affinis *Motsch.*
striolatus *Lec.*

Hydrocharis Latr.

glaucus *Lec.*
substriatus *Lec.*
obtusatus *Lec.*
 Hydrophilus ob. *Say.*
castus *Lec.*
 Hydrophilus cast. *Say.*

HYDROBIINI.

Berosus Leach.

punctatissimus *Lec.*
maculosus *Mann.* —
 tessellatus *Motsch.*
miles *L. c.*
pugnax *Lec.* n. sp.
aculeatus *Lec.*
subsignatus *Lec.*

---

[1] The European *G. natator* is, according to Kirby, found in North America.
[2] *H. inguinalis* Motsch. is an Arabian, and not a Californian, species; vide Bull. Mosc. 1863.

pantherinus *Lec.*
peregrinus *Lec.*
  Hydrophilus per. *Herbst.*
  Ber. auritus *Mels.*
fraternus *Lec.*
striatus *Say.*
infuscatus *Lec.*
californicus *Motsch.*
punctulatus *Lec.*
exilis *Lec.*
exiguus *Lec.*
  Hydrophilus ex. *Say.*
  Ber. pallescens *Lec.*

§ Volvulus Brullé.

altus *Lec.*

Laccobius Er.

agilis *Randall.*
  punctulatus *Mels.*
ellipticus *Lec.*

Sperchopsis Lec.

tessellatus *Lec.*
  Sperchcus? tess. *Ziegler.*

Cyllidium Er.

atrum *Lec.* n. sp.
nigrellum *Lec.*
pallidum *Lec.*
nigriceps *Lec.*

Philhydrus Sol.

§ Helochares Muls.

rotundatus *Lec.*
  Hydrophilus rot. *Say.*
fimbriatus *Mels.*
fuscus *Motsch.*
lacustris *Lec.*
simplex *Lec.* n. sp.
imbellis *Lec.*
maculicollis (*Muls.*)

§ Philhydrus Muls.

nebulosus *Lec.*
  Hydrophilus neb. *Say.*
pectoralis *Lec.*
  maculifrons *Motsch.*
cristatus *Lec.*
  subcinereus *Motsch.*
carinatus *Lec.*
diffusus *Lec.*
latiusculus *Motsch.*
perplexus *Lec.*

ochraceus *Mels.*
cinctus *Lec.*
  Hydrophilus cinct. *Say.*
  Ph. limbalis *Mels.*
bifidus *Lec.*
normatus *Lec.*

Hydrobius Leach.

tumidus *Lec.*
globosus *Lec.*
  Hydrophilus gl. *Say.*
insculptus *Lec.*
regularis *Lec.*
seriatus *Lec.*
fuscipes *Curtis.*
  Dytiscus fusc. *Linn.*
dorsalis *Motsch.* —
digestus *Lec.*
infuscatus (*Motsch.*) —
subcupreus *Lec.*
  Hydrophilus subc. *Say.*
  Cyclonotum subc. *Lec.*
despectus *Lec.* n. sp.

SPHAERIDIINI.

Cyclonotum Er.

cacti *Lec.*
estriatum *Er.*
  Hydrophilus est. *Say.*
  Cyc. globulosum *Mels.*

Cercyon Leach.

pubescens *Lec.*
fimbriatum *Mann.*
flavipes *Er.*
nigricolle *Lec.*
  Sphaeridium nig. *Say.*
lunigerum *Mann.*
limbatum *Mann.*
fulvipenne *Mann.*
centrimaculatum *Er.*
  Cerc. maculum *Mels.*
praetextatum *Say.*
adumbratum *Mann.*
ocellatum *Mels.*
  Sphaeridium oc. *Say.*
anale *Er.*
  maculatum *Mels.*
apicale *Mels.*
  Sphaeridium ap. *Say.*
posticatum *Mann.*
nanum *Mels.*
minusculum *Mels.*

§ Pelosoma Muls.

capillatum *Lec.*

Megasternum Muls.

costatum *Lec.*

Cryptopleurum Muls.

vagans *Lec.*[1]

SILPHIDAE.

SILPHIDAE (genuini).

SILPHINI.

Necrophorus Fabr.

mediatus *Fabr.*
marginatus *Fabr.*
melsheimeri *Kirby.*
guttula *Motsch.*
americanus *Oliv.*
  grandis *Fabr.*
pustulatus *Herschel.*
  bicolor *Newm.*
nigrita *Mann.*
pollinctor *Lec.*
mortuorum *Fabr.*
  pygmaeus *Kirby.*
  crispatus *Motsch.*
orbicollis *Say.*
  halli *Kirby.*
  var. tibialis *Lec.*
lunatus *Lec.*
confossor *Lec.*
tardus *Mann.* —
maritimus *Mann.*
  var. infodiens *Mann.*
  var. pollinctor? *Mann.*
  var.? labiatus *Motsch.* —
defodiens *Mann.*
velutinus *Fabr.*
  tomentosus *Weber.*
obscurus *Kirby.* —
hebes *Kirby.* —

Silpha Linn.

§ Necrodes Wilkin.

surinamensis *Fabr.*

---

[1] *Sphaeridium palliatum, laeve,* and *quadristriatum* Ziegl., cannot be identified by the figures and descriptions: the first two, according to Chevrolat, are [illegible]. If this determination be correct, they are not found within our territories.

§ THANATOPHILUS Leach.

lapponica *Herbst.*
caudata *Say.*
tuberculata *Germ.*
granigera *Chevr.*
truncata *Say.*
marginalis *Fabr.*
noveboracensis *Forster.*
inaequalis *Fabr.*
trituberculata *Lec.*
Oiceoptoma (T.) trit. *Kirby.*
Silpha sagax *Mann.*

§ NECROPHILA Kirby.

peltata *Lec.*
Scarabaeus pelt. *Catesby.*
Silpha americana *Linn.*
var. O. terminatum *Kirby.*
var. O. affine *Kirby.*
var. O. canadense *Kirby.*

§

ramosa *Say.*
♂ cervaria *Mann.*
bituberosa *Lec.*

Necrophilus Latr.

hydrophiloides *Mann.*
ater *Motsch.*
latus *Mann.*
longulus *Lec.*
tenuicornis *Lec.*

Pteroloma Dej.

forstroemii *Dej.*

§ LYROSOMA Mann.

opaca (*Mann.*)

Adelops Tellkampf.

hirtus *Tellk.*

Catoptrichus Murray.

frankenhaeuseri *Mur.*
Catops fr. *Mann.*

Catops Fabr.

opacus *Say.*
luridipennis *Mann.*
simplex *Say.*
brunnipennis *Mann.*
spenceianus *Murray.*
Choleva spenc. *Kirby.*
Cat. cadaverinus *Mann.*
clavicornis *Lec.*
californicus *Lec.*
consobrinus *Lec.*
lecontei *Murray.*
strigosus *Lec.*
terminans *Lec.*
oblitus *Lec.*
brachyderus *Lec.* n. sp.
parasitus *Lec.*
cryptophagoides *Mann.*
basillaris *Say.* —
an C. spenceianus?

Colon Herbst.

dentatus *Lec.*
inermis *Mackl.* —
magnicollis *Mackl.* —
clavatus *Mackl.* —

SPHAERITINI.

Sphaerites Duftsch.

glabratus *Mann.*

ANISOTOMINI.

Hydnobius Schmidt.

punctostriatus *Mann.* —
Leiodes punct. *Kirby.*
substriatus *Lec.* n. sp.

Anisotoma Ill.

alternata *Lec.*
Leiodes alt. *Mels.*
assimilis *Lec.*
indistincta *Lec.*
collaris *Lec.*
strigata *Lec.*
obsoleta *Lec.*
Pallodes obs. *Mels.*
lateritia *Mann.* —
laeta *Mann.* —
curvata *Mann.* —
?pallida. —
Agathidium pall. *Say.*

Cyrtusa Er.

egena *Lec.*

Colenis Er.

impunctata *Lec.*
?laevis *Lec.*

Liodes Latr.

globosa *Lec.*
Cyrtusa gl. *Lec.*
polita *Lec.*
discolor *Mels.*
basalis *Lec.*
dichroa *Lec.*

Amphicyllis Er.

picipennis *Lec.* n. sp.

Agathidium Ill.

oniscoides *Beauv.*
piceum *Mels.*
exiguum *Mels.*
ruficorne *Lec.*
revolvens *Lec.*
angulare *Mann.*
concinnum *Mann.*
pulchrum *Lec.*
effluens *Mann.*
difforme *Lec.*
rotundulum *Mann.*
mandibulatum *Mann.* —

CLAMBINI.

Empelus Lec.

brunnipennis *Lec.*
Litochrus brunn. *Mann.*

Calyptomerus Redt.

oblongulus *Lec.*
Clambus oblong. *Mann.*

Clambus Fischer.

puberulus *Lec.* n. sp.
gibbulus *Lec.*
Sternumbus gibb. *Lec.*

BRATHINIDAE.

Brathinus Lec.

nitidus *Lec.*
varicornis *Lec.*

SCYDMAENIDAE.

Microstemma Motsc.

grossa *Lec.* n. sp.
motschulskii *Lec.* n. sp.

Eumicrus Lap.

zimmermanni *Lec.*
Scydmaenus zim. *Schaum.*

Scydmaenus Latr.

subpunctatus *Lec.*
mariae *Lec.*
cribrarius *Lec.*
perforatus *Schaum.*
sparsus *Lec.*

angustus *Lec.*
cautus *Lec.*
magister *Lec.*
  schaumii *Lec.*
flavitarsis *Lec.*
fossiger *Lec.*
capillosulus *Lec.*
basalis *Lec.*
hirtellus *Lec.*
analis *Lec.*
brevicornis *Say.*
rasus *Lec.*
obscurellus *Lec.*
clavatus *Lec.*
pyramidalis *Lec.* n. sp.
clavipes *Say.*
consobrinus *Lec.*
bicolor *Lec.*
salinator *Lec.*
fatuus *Lec.*
misellus *Lec.*
gravidus *Lec.*
fulvus *Lec.*
gracilis *Lec.*
biformis *Mäklin.* —
californicus *Motsch.* —

Euthia Stephens.

scitula *Mäklin.* —

Cephennium Müller.

corporosum *Lec.*

PSELAPHIDAE.

CLAVIGERIDAE.

Adranes Lec.

coecus *Lec.*

PSELAPHIDAE (genuini).

PSELAPHINI.

Ceophyllus Lec.

monilis *Lec.*

Cedius Lec.

ziegleri *Lec.*
spinosus *Lec.*

Tmesiphorus Lec.

carinatus *Lec.*
  Ctenistes car. *Say.*
costalis *Lec.*

Ctenistes Reichenb.

piceus *Lec.*
pulvereus *Lec.*
zimmermanni *Lec.*
consobrinus *Lec.*

Tyrus Aubé.

humeralis *Lec.*
  Hamotus hum. *Aubé.*
  Tyrus compar *Lec.*

Circocerus Motsch.

batrisoides *Lec.* n. sp.

Pselaphus Herbst.

longiclavus *Lec.*
erichsonii *Lec.*

Tychus Leach.

puberulus *Lec.*
tenellus *Lec.*
longipalpus *Lec.*
minor *Lec.*

Bryaxis Leach.

conjuncta *Lec.*
dentata *Lec.*
  Pselaphus dent. *Say.*
abdominalis *Aubé.*
  dentata *Aubé.*
haematica *Leach.*
  an rite Am. bor.?
luniger *Lec.*
albionica *Motsch.* —
puncticollis *Lec.*
compar *Lec.*
subtilis *Lec.*
foveata *Lec.*
rubicunda *Lec.*
propinqua *Lec.*
tomentosa *Lec.*

§

abnormis *Lec.*
velutina *Lec.*
longula *Lec.*
formiceti *Lec.*

Eupsenius Lec.

glaber *Lec.*
rufus *Lec.* n. sp.

Batrisus Aubé.

ionae *Lec.*
armiger *Lec.*
monstrosus *Lec.*
ferox *Lec.*
cristatus *Lec.*
confinis *Lec.*
frontalis *Lec.*
schaumii *Aubé.*
  punctatus *Lec.*
riparius *Aubé.*
  Pselaphus rip. *Say.*
scabriceps *Lec.*
nigricans *Lec.*
striatus *Lec.*
globosus *Lec.*
spretus *Lec.*
albionicus *Aubé.*
aculeatus *Lec.* n. sp.
bistriatus *Lec.*
lineaticollis *Aubé.*

§ Arthmius Lec.

globicollis (*Lec.*)

EUPLECTINI.

Rhexius Lec.

insculptus *Lec.*

Trimium Aubé.

clavicorne *Mäklin.* —
globifer *Lec.*
  Euplectus gl. *Lec.*
dubium *Lec.*
  Euplectus dub. *Lec.*
parvulum *Lec.*
  Euplectus parv. *Lec.*
americanum *Lec.* n. sp.

Euplectus Leach.

linearis *Lec.*
confluens *Lec.*
interruptus *Lec.*
difficilis *Lec.*
cavifrons *Lec.* n. sp.
pumilus *Lec.*
arcuatus *Lec.*
ruficeps *Lec.* n. sp.
canaliculatus *Lec.*

Faronus Aubé.

tolulae *Lec.*
isabellae *Lec.*
parviceps *Lec.*
  Euplectus parv. *Mäklin.*

STAPHYLINIDAE.

STAPHYLINIDAE (genuini).

ALEOCHARINI.

Falagria Mann.

dissecta *Er.*
venustula *Er.*
bilobata. —
  Aleochara bilo. *Say.*

Phytosus Curtis.

opacus *Lec.* n. sp.

Hoplandria Kraatz.

pulchra *Kraatz.*
ochracea *Kraatz.*

Homalota Mann.

plana *Er.*
  Aleochara pl. *Gyll.*
trimaculata *Er.*
aemula *Er.*
dichroa *Er.*
  Aleochara dichr. *Grav.*
vestigialis *Er.*
festinans *Er.*
luteola *Er.*
flaveola *Mels.*
alliacea *Er.*
recondita *Er.*
ambigua *Er.*
polita *Mels.*
modesta *Mels.*
analis *Grav.*
lividipennis *Er.*
  Oxypoda liv. *Mann.*
pedicularis *Lec.*
  Oligota ped. *Mels.*
lateralis *Lec.*
  Gyrophaena lat. *Mels.*
granularis *Mann.*
maritima *Mann.*
piciipennis *Mann.*
laevicollis *Mäkl.* —
cursor *Mäkl.* —
nitens *Mäkl.* —
moesta *Mäkl.* —
pratensis *Mäkl.* —
geniculata *Mäkl.* —
planaris *Mäkl.* —
breviuscula *Mäkl.* —
comparabilis *Mäkl.*
littoralis *Mäkl.*
vasta *Mäkl.* —
fusicola *Mäkl.*
  Tachyusa fus. *Mäkl.*
?indenta (*Say*).
?propera (*Say*).
  Aleochara prop. (*Say*).
?falsifica (*Say*).
?simpliciicollis (*Say*).
?minima (*Say*).
?quadripunctata (*Say*).
?pallitarsis (*Kirby*).

Stenusa Kraatz.

alternans *Kraatz.*
  Silusa alt. *Sachse.*
gracilis *Kraatz.*
  Silusa grac. *Sachse.*

Placusa Er.

despecta *Er.*

Tachyusa Er.

pygmaea *Kraatz.* —
  Myrmedonia pyg. *Sachse.*
cavicollis *Lec.* n. sp.
nigrella *Lec.* n. sp.
baltifera *Lec.* n. sp.
gracillima *Lec.* n. sp.

Bolitochara Mann.

notata *Mäkl.* —

Philotermes Kraatz.

pilosus *Kraatz.* —
pensylvanicus *Kraatz.*
fuchsii *Kraatz.*

Myrmedonia Er.

angularis *Mäkl.* —

Atemeles Steph.

cava *Lec.* n. sp.

Aleochara Grav.

valida *Lec.*
fuscipes *Grav.*
  Staphylinus fusc. *Fabr.*
  Al. lustrica *Say.*
bimaculata *Grav.*
castaneipennis *Mann.*
sulcicollis *Mann.*
cognata *Mäkl.*
nitida *Grav.*
  verna *Say.*
languida *Sachse.* —

Oxypoda Mann.

sagulata *Er.*
irrasa *Mäkl.*
minuta *Sachse.*

Phloeopora Er.

latens *Er.*

Gyrophaena Mann.

vinula *Er.*
  Aleoch. fasciata] *Say.*
dissimilis *Er.*
flavicornis *Mels.*
geniculata *Mäkl.*
corruscula *Er.*
socia *Er.*

Myllaena Er.

fuscipennis *Kraatz.*

Dinopsis Matthews.

americanus *Kraatz.*
myllaenoides *Kraatz.*

TACHYPORINI.

Hypocyptus Mann.

siegleri *Lec.* n. sp.
testaceus *Lec.* n. sp.
?depressus *Lec.* n. sp.

Leucoparyphus Kraatz.

silphoides *Kraatz.*
  Staphylinus silph. *Linn.*
  Tachinus silph. *Gyll.*
  T. geminatus *Randall.*
  Cilea silph. *Duval.*
discoideus *Lec.*
  Tachinus disc. *Mels.*

Coproporus Kraatz.

grossulus *Lec.* n. sp.
punctipennis *Lec.* n. sp.
ventriculus *Kraatz.*
  Tachinus ventr. *Er.*
  var. T. punctulatus *Mels.*
laevis *Lec.* n. sp.

Tachinus Grav.

luridus *Er.*
colonus *Sachse.* —
  an fumipennis?
rufus *Sachse.* —

memnonius *Grav.*
  batychrous *Grav.*
fumipennis *Er.*
  Tachyporus fum. *Say.*
  T. axillaris *Er.*
maculicollis *Maekl.*
propinquus *Mann.*
nigricornis *Mann.*
instabilis *Maekl.*
frigidus *Er.*
picipes *Er.*
fimbriatus *Grav.*
circumcinctus *Maekl.*
limbatus *Mels.*
apterus *Maekl.* —

Tachyporus Grav.

acaudus *Say.*
jocosus *Say.*
  ardeus *Er.*
brunneus *Er.*
  Oxyporus br. *Fabr.*
  T. faber *Say.*
nanus *Er.*
scuductus *Kirby.* —
affinis *Kirby.* —

Conosoma Kraatz.

crassum *Lec.*
  Tachyporus cr. *Grav.*
  Conurus cr. *Er.*
basale *Lec.*
  Conurus bas. *Er.*
  C. pellicarius *Sachse*
opicum *Lec.*
  Tachyporus op. *Say.*
  Conurus cinctulus *Er.*

Boletobius Leach.

niger *Er.*
  Tachinus niger *Grav.*
axillaris *Er.*
  Tachinus ax. *Grav.*
poecilus *Mann.* —
biseriatus *Mann.* —
pygmaeus *Mann.*
  Oxyporus pyg. *Fabr.*
  Tach. trimaculatus *Say.*
  B. venustus *Mels.*
  var. B. bimaculatus *Mels.*
cincticollis *Er.*
  Tachinus cinct. *Say.*
dimidiatus *Er.*
obsoletus *Er.* —
  Tachinus obs. *Say.*
amilatus *Sachse.* —
cinctus *Er.*
  Tachinus cinct. *Grav.*
  T. atricapillus *Say.*

angularis *Sachse.*
gentilis *Lec.* n. sp.
rostratus *Lec.* n. sp.
longiceps *Lec.* n. sp.

Bryoporus Kraatz.

flavipes *Lec.* n. sp.
rubidus *Lec.* n. sp.
rufescens *Lec.* n. sp.
testaceus *Lec.* n. sp.

Mycetoporus Mann.

lepidus *Mann.*
  Tachinus lep. *Grav.*
  T. humidus *Say.*
americanus *Er.*
insignis *Maekl.* —
nigrans *Maekl.* —
flavicollis *Lec.* n. sp.
lucidulus *Lec.* n. sp.
consors *Lec.* n. sp.

STAPHYLININI.

Acylophorus Nordm.

flavicollis *Sachse.*
pronus *Er.*
gilensis *Lec.* n. sp.
pratensis *Lec.* n. sp.

Euryporus Er.

puncticollis *Er.*

Heterothops Steph.

fusculus *Lec.* n. sp.
fumigatus *Lec.* n. sp.
californicus *Lec.* n. sp.
pusio *Lec.* n. sp.

Quedius Stephens.

explanatus *Lec.*
fulgidus *Er.*
  Staphylinus fulg. *Fabr.*
  S. iracundus *Say.*
  S. groenlandicus *Zett.*
  var. Q. erythrogaster *Mann.*
laevigatus *Er.*
  Staphylinus laev. *Gyll.*
plagiatus *Mann.*
longipennis *Mann.*
marginalis *Maekl.*
melanocephalus *Mann.* —
brunneus *Mann.* —
hyperboreus *Er.* —
transparens *Motsch.* —

bardus *Mels.* —
capucinus *Er.*
  Staphylinus cap. *Grav.*
  S. laevatus *Say.*
  Philonthus ater *Ziegler.*
pediculus *Er.*
  Philonthus ped. *Nordm.*
terminatus *Mels.* —
molochinus *Er.*
  Staphylinus mol. *Grav.*
  S. laticollis *Grav.*
aenescens *Maekl.*
sublimbatus *Motsch.*

Thinopinus Lec.

pictus *Lec.*
variegatus *Lec.*
  Trichocosmetes va. *Motsch.*

Creophilus Stephens.

villosus *Kirby.*
  Staphylinus vill. *Grav.*
bicinctus *Lec.*
  Staphylinus bic. *Mann.*

Leistotrophus Perty.

cingulatus *Kraatz.*
  Staphylinus cing. *Grav.*
  S. chrysurus *Kirby.*
  S. speciosus *Mann.*

Hadrotes Mén.

crassus *Mén.*
  Staphylinus cr. *Mann.*
extensus *Lec.*

Trigonophorus Nordm.

subcoeruleus *Lec.* n. sp.

Staphylinus Linn.

maculosus *Grav.*
  erythropennis *Mann.*
mysticus *Er.* —
comes *Lec.* n. sp.
exulans *Er.*
vulpinus *Nordm.*
  fimmerulatus *Mann.*
fossator *Grav.*
submetallicus *Lec.*
tomentosus *Grav.*
carbonatus *Lec.* n. sp.
badipes *Lec.* n. sp.
cinnamopterus *Grav.*
saphyrinus *Lec.*
luteipes *Lec.*

praelongus Mann. —
violaceus Grav.
cicatricosus Lec. n. sp.
varipes Sachse.
femoratus Grav. —
ornaticauda Lec. n. sp.
pleuralis Lec.
tarsalis Mann. —

Ocypus Kirby.

ater Er.
  Staphylinus ater Grav.

Belonuchus Nordm.

ephippiatus Er.
  Staphylinus eph. Say.
formosus Lec. (nec Er.)
  Staphylinus form. Grav.
  B. pallipes Mels.

Philonthus Curtis.

cyanipennis Er.
  Staphylinus cy. Fabr.
  S. coeruleipennis Mann.
aeneus Nordm.
  Staphylinus aen. Rossi.
  ♂ Phil. politus Kirby.
  ♀ Ph. mandibularis Kirby.
  Ph. harrisii Mels.
californicus Mann.
umbratilis Er.
  Staphylinus umb. Grav.
cautus Er.
hepaticus Er.
  nanus Mels.
inquietus Er.
blandus Er.
  Staphylinus bl. Grav.
  St. lactulus Say.
  var. Phil. pulchellus Mels.
  Phil. puberinus Sachse.
niger Mels.
ventralis Nordm.
  Staphylinus ventr. Grav.
  St. immundus Grav.
brevis Mels.
  Staph. dimidiatus Say.
umbrinus Er.
  Staphylinus umb. Grav.
  St. moestus Grav.
niger Mels.
promtus Er.
debilis Er.
  Staphylinus deb. Grav.
cinctutus Mels. —
palliatus Er.
  Staphylinus pall. Grav.
flavolimbatus Er.
  ruficornis Mels.

thoracicus Er.
  Staphylinus thor. Grav.
lomatus Er.
micans Nordm.
  Staphylinus mic. Grav.
fulvipes Nordm.
  Staphylinus fulv. Fabr.
  Phil. fusiformis Mels.
brunneus Er.
  Staphylinus br. Grav.
  St. [illegible] Grav.
  Phil. pleatus Kirby.
siegwaldii Mann.
georgianus Sachse.
aterrimus Er.
  Staphylinus at. Grav.
albionicus Mann. —
picipennis Mäklin. —
canescens Mann.
confertus Lec. n. sp.
lepidulus Lec. n. sp.
baltimorensis Nordm.
  Staphylinus balt. Grav.
apicalis Er.
  Staphylinus ap. Say.
  Phil. [illegible] Er.
sobrinus Er.
terminalis Lec. n. sp.
paederoides Lec. n. sp.
gratus Lec. n. sp.
umbripennis Lec. n. sp.
femoralis Mäklin.
lithocharinus Lec. n. sp.
dubius Lec. n. sp.
opacus Lec. n. sp.
carinatus Lec. n. sp.
bistriatus Er.
sulcicollis Lec. n. sp.
varicolor Boh. —

Xantholinus Serv.

fulgidus Er.
  Staphylinus fulg. Fabr.
cephalus Say.
  Gyrohypnus [illegible] Nordm.
  Gyro. flavipennis Nordm.
  X. [illegible] Er.
  Gyro. similis Kirby.
  X. pallians Mels.
  X. [illegible] Sachse.
emmesus Say.
  Staphylinus em. Grav.
  X. [illegible] Mels.
obsidianus Mels.
hamatus Say.
obscurus Er.
pusillus Sachse.

Leptacinus Er.

flavipes Lec. n. sp.

Leptolinus Kraatz.

parcus Lec. n. sp.
grandiceps Lec. n. sp.
longicollis Lec. n. sp.
ruficollis Lec. n. sp.
nigripennis Lec. n. sp.

Othius Stephens.

californicus Mann. —

Baptolinus Kraatz.

melanocephalus Kraatz.
  Othius mel. Nordm.

Diochus Er.

schaumii Kraatz.

PAEDERINI.

Lathrobium Grav.

grande Lec. n. sp.
punctulatum Lec. n. sp.
angulare Lec. n. sp.
jacobinum Lec. n. sp.
puncticolle Kirby.
pedale Lec. n. sp.
simile Lec. n. sp.
concolor Lec. n. sp.
brevipenne Lec. n. sp.
armatum Say. —
nigrum Lec. n. sp.
californicum Lec. n. sp.
tenue Lec. n. sp.
seriatum Lec. n. sp.
longiusculum Grav.
  var. politum Grav.
  var. castaneum Grav.
collare Er.
dimidiatum Say.

Cryptobium Mann.

badium Er.
  Lathrobium bad. Grav.
pimerianum Lec. n. sp.
bicolor Er.
  Lathrobium bic. Grav.
melanocephalum Er.
carolinum Er. —
sellatum Lec. n. sp.
despectum Lec. n. sp.
pallipes Nordm.
  Lathrobium pall. Grav.
  Lathr. gravenhorstii Kirby.
latebricola Nordm.
  (Lathr. cinctum Say.

pusillum *Lec.* n. sp.
collaratum *Lec.* n. sp.
serpentinum *Lec.* n. sp.

Stilicus Latr.

tristis *Mels.*
rudis *Lec.* n. sp.
angularis *Er.*
dentatus *Er.*
  Rugilus dent. *Say.*

Echiaster Er.

opacus *Lec.* n. sp.
nitidus *Lec.* n. sp.

Scopaeus Er.

exiguus *Er.*

Lithocharis Er.

corticina *Er.*
  Lathrobium cort. *Grav.*
  L. millepunctatum *Say.*
confluens *Er.*
  Lathrobium confl. *Say.*

Dacnochilus Lec.

laetus *Lec.* n. sp.

Liparocephalus Makl.

brevipennis *Makl.*

Sunius Steph.

prolixus *Er.*
  ?Paederus cinctus *Say.*
linearis *Er.*
?binotatus *Er.* —
  Paederus bin. *Say.*
longiusculus *Er.*
  Paederus long. *Mann.*
  P. discopunctatus *Say.*
trinotatus *Boh.* —

§

monstrosus *Lec.* n. sp.

Stilicopsis Sachse.

paradoxa *Sachse.*

Paederus Grav.

riparius *Fabr.* —
  an sit Am. bor.?
femoralis *Lec.*
littorarius *Grav.*
coeruleipennis *Boh.* —
compotens *Lec.* n. sp.
ustus *Lec.*

Pinophilus Grav.

picipes *Er.*
latipes *Er.*
parcus *Lec.* n. sp.
densus *Lec.* n. sp.
opacus *Lec.* n. sp.

Palaminus Er.

pallipes *Lec.* n. sp.
lividus *Lec.* n. sp.
testaceus *Er.*
larvalis *Lec.* n. sp.

STENINI.

Dianous Curtis.

chalybeus *Lec.* n. sp.

Stenus Latr.

colon *Say.*
renifer *Lec.* n. sp.
semicolon *Lec.* n. sp.
comma *Lec.* n. sp.

§

juno *Fabr.*
stygicus *Say.*
colonus *Er.*
egenus *Er.*
congener *Makl.*
maritimus *Motsch.*
erythropus *Mels.* —
  an a seq. diff.?
femoratus *Say.*
adspector *Makl.* —
parallelopipedus *Mak.* —
chalybaeus *Boh.* —
carinicepe *Makl.* —
immarginatus *Makl.* —
brevipennis *Makl.*
flavicornis *Er.*
  geniculatus? *Say.*
annularis *Er.*
punctatus *Er.*
arculus *Er.*
callosus *Er.*
?quadripunctatus *Say.* —

Euaesthetus Grav.

americanus *Er.*

Edaphus Lec.

nitidus *Lec.*

Megalops Er.

caelatus *Er.*
  Oxyporus cael. *Grav.*
rufipes *Lec.* n. sp.

OXYTELINI.

Oxyporus Fabr.

major *Grav.*
rufipennis *Lec.* n. sp.
femoralis *Grav.*
  var. pulcher *Ziegler.*
stygicus *Say.*
vittatus *Grav.*
  var. cinctus *Grav.*
  var. dimidiatus *Mels.*
  var. femoralis *Mels.*
5-maculatus *Lec.* n. sp.
lateralis *Grav.*
  var. brevis *Mels.*

Osorius Latr.

latipes *Er.*
  Oxytelus latr. *Grav.*
  Molosoma lat. *Say.*

Bledius Steph.

pallipennis *Er.*
  Oxytelus pall. *Say.*
  B. mandibularis *Er.*
armatus *Er.* (*Say.*)
fumatus *Lec.* n. sp.
semiferrugineus *Lec.* n. s.
rubiginosus *Er.*
politus *Er.*
nitidicollis *Lec.* n. sp.
diagonalis *Lec.* n. sp.
ornatus *Lec.* n. sp.
divisus *Lec.* n. sp.
cordatus *Er.*
  Oxytelus cord. *Say.*
flavipennis *Lec.* n. sp.
annularis *Lec.* n. sp.
ruficornis *Lec.* n. sp.
suturalis *Lec.* n. sp.
troglodytes *Er.*
basalis *Lec.* n. sp.
opaculus *Lec.* n. sp.
forcipatus *Lec.* n. sp.
emarginatus *Er.* —
  Oxytelus em. *Say.*
longipennis *Makl.* —
albonotatus *Makl.* —
fasciatus *Er.* —
  Oxytelus fasc. *Say.*
melanocephalus *Er.* —
  Oxytelus mel. *Say.*

Platystethus Mann.

americanus *Er.*

Oxytelus Grav.

rugosus *Er.*
Staphylinus rug. *Grav.*
Ox. borealis *Mels.*
incolumis *Er.*
fuscipennis *Mann.*
sculptus *Grav.*
morrens *Mels.*
insignitus *Grav.*
americanus *Mann.*
pennsylvanicus *Er.*
nitidulus *Grav.*
rugulosus *Say.*
exiguus *Er.*
pygmaeus *Mels.*
nanus *Er.*
?parvulus *Mels.*

Haploderus Steph.

biimpressus *Kraatz.*
Phloeonaeus bi-imp. *Mäkl.*
linearis *Lec.* n. sp.
laticollis *Lec.* n. sp.

Apocellus Er.

longicornis *Lec.*
Falagria long. *Sachse.*
sphaericollis *Er.*
Lathrobium sph. *Say.*
Falagria globosa *Mels.*
Fal. amabilis *Sachse.*

Trogophloeus Mann.

morio *Er.*

Ancyrophorus Kraatz.

planus *Lec.*
Trogophloeus pl. *Lec.*

Distemmus Lec.

argus *Lec.*
Trogophloeus argus *Lec.*

Syntomium Er.

confragosum *Mäkl.* —

OMALINI.

Anthophagus Grav.

caesus *Er.*
brunneus *Say.*
verticalis *Say.*
laticollis *Mann.* —

Lesteva Latr.

biguttula *Lec.* n. sp.
pallipes *Lec.* n. sp.
picescens *Lec.* n. sp.
fusconigra *Mäkl.* —
Phloeopterus fusc. *Motsch.*

Acidota Steph.

seriata *Lec.* n. sp.
subcarinata *Er.*
tenuis *Lec.* n. sp.
patruelis *Lec.* n. sp.
frankenhaeuseri *Mäkl.* —

Olophrum Er.

rotundicolle *Er.*
Omalium rot. *Say.*
Ol. obtectum *Er.*
emarginatum *Er.*
Omalium em. *Say.*
marginatum *Mäkl.*
convexum *Mäkl.*
convexicolle *Lec.*
Lathrium conv. *Lec.*
parvulum *Mäkl.* —
latum *Mäkl.* —

Lathrimaeum Er.

sordidum *Er.*
subcostatum *Mäkl.*
fimetarium *Mäkl.*

Amphichroum Kraatz.

testaceum *Kraatz.*
Arpedium test. *Mann.*
floribundum *Lec.* n. sp.
maculicolle (*Mann.*) —

Porrhodites Kraatz.

brevicollis *Kraatz.*
Deliphrum brev. *Mäkl.*

Trigonodemus Lec.

striatus *Lec.* n. sp.

Coryphium Steph.

pallidum *Lec.* n. sp.
guttatum *Lec.* n. sp.
notatum *Lec.* n. sp.

Omalium Grav.

strigipenne *Mäkl.*
longulum *Mäkl.*
planipenne *Mäkl.*
laesicolle *Mäkl.*
repandum *Er.*
foraminosum *Mäkl.*
plagiatum *Mann.* —
exsculptum *Mäkl.* —
segmentarium *Mäkl.* —
callosum *Mäkl.* —
humile *Mäkl.* —
flavipenne *Mäkl.* —
tumidulum *Mäkl.* —
marginatum *Say.* —
?marginatum *Kirby.* —

Anthobium Steph.

dimidiatum *Mels.*
fimetarium *Er.*
sorbi *Gyll.* —
pothos *Mann.*
rugulosum *Mäkl.* —

Micralymma Westw.

stimpsonii *Lec.* n. sp.
brevilingue *Schiödte.*

PROTEININI.

Proteinus Latr.

limbatus *Mäkl.*
parvulus *Lec.* n. sp.
basalis *Mäkl.*

Megarthrus Steph.

pictus *Motsch.*
americanus *Sachse.*
excisus *Lec.* n. sp.
angulicollis *Mäkl.*
atratus *Mäkl.*

PHLOEOCHARINI.

Olisthaerus Er.

megacephalus *Er.*
Omalium meg. *Zett.*
Ol. laticeps *Lec.*
nitidus *Lec.*

PIESTIDAE.

Prognatha Latr.

americana *Mels.*
convergens *Sachse.*

Isomalus Er.

pallidus *Lec.* n. sp.
fasciatus *Lec.* n. sp.
nigrellus *Lec.* n. sp.

Hypotelus Er.

picipennis *Lec.* n. sp.

Glyptoma Er.

costale *Er.*

Lispinus Er.

rufescens *Lec.* n. sp.
obscurus *Lec.* n. sp.
californicus *Lec.* n. sp.
tenuis *Lec.* n. sp.

MICROPEPLIDAE.

Micropeplus Latr.

cribratus *Lec.* n. sp.
sculptus *Lec.* n. sp.
costipennis *Mäkl.*
costatus *Lec.*
laticollis *Mäkl.*
punctatus *Lec.* —
  costatus; *M. H.*
brunneus *Mäkl.* —

HISTERIDAE.

HISTERIDAE (genuini).

HOLOLEPTINI.

Hololepta Payk.

fossularis *Say.*
  ♀ aequalis *Say.*
excisa *Mars.* —
lucida *Lec.*
populnea *Lec.*
  bractea *Er.* (fide *Mars.*)
grandis *Lec.*
  Lioderma gr. *Marseul.*
  Hol. princeps. *Lec.*
vicina *Lec.*
  Lionota vicina *Mars.*
platysma *Er.*
  Lionota pl. *Marseul.*
cacti *Lec.*
  Lionota cacti *Mars.*

HISTRINI.

Hister Linn.

§ Omalodes Er.

texanus *Mars.*[1] —

§ Psiloscelis Mars.

planipes *Lec.*
  Omalodes harrisii? *Lec.*
subopacus *Lec.* n. sp.

§ Hister Mars.

arcuatus *Say.*
instratus *Lec.*
sellatus *Lec.*
  bonnevillei *Mars.*
binotatus *Lec.*
laevipes *Er.*
costatus *Lec.*
sexstriatus *Lec.*
interruptus *Beauv.*
  obtusatus *Harris.*
  ?memnonius *Say.*
merdarius *Payk.*
immunis *Er.*
harrisii *Kirby.*
repletus *Lec.*
stygicus *Lec.*
  distinctus *Er.*
foedatus *Lec.*
cognatus *Lec.*
marginicollis *Lec.*
semisculptus *Lec.* n. sp.
defectus *Lec.*
hospitus *Lec.*
dispar *Lec.*
indistinctus *Say.*
latipes *Beauv.* —
depurator *Say.*
  paykullii *Kirby.*
furtivus *Lec.*
incertus *Mars.*
curtatus *Lec.*
spretus *Lec.*
cavifrons *Mars.* —
coenosus *Er.*
  decisus *Lec.*
punctifer *Payk.*
abbreviatus *Fabr.*
  subhemisphaericus *Beauv.*
bifidus *Say.*
civilis *Lec.*
remotus *Lec.*
californicus *Mars.* —
nubilus *Lec.*
politus *Lec.*
sedecimstriatus *Say.*
americanus *Payk.*
perplexus *Lec.* n. sp.
exaratus *Lec.*
ambigens *Lec.*
bimaculatus *Linn.*
  obliquus *Say.*

§ Platysoma Leach.

carolinum *Payk.*
  sordidus *Say.*
lecontei (*Mars.*)
  Pl. depressum] *Lec.*
aequus *Lec.* n. sp.
punctiger *Lec.*
basalis *Lec.*
parallelus *Say.*
coarctatus *Lec.*
cylindricus *Payk.*
  Cylistix cyl. *Mars.*
attenuatus (*Lec.*)
gracilis (*Lec.*)[2]
  frontalis; *Say.*

Margarinotus Mars.

guttifer *Horn.*

Phelister Mars.

venustus *Mars.*
  Hister ven. *Lec.*
vernus *Mars.*
  Hister vern. *Say.*
subrotundus *Mars.*
  Hister subr. *Er.*
marginellus *Lec.*

Hetaerius Er.

morsus *Lec.*
brunnipennis *Lec.*
  Hister brunn. *Randall.*
setiger *Lec.*

Tribalus Er.

americanus *Lec.*
  Carcinops am. *Lec.*
laevigatus. —
  Hister laev. *Payk.*
  an vere Am. bor.?

Onthophilus Leach.

nodatus *Lec.*
pluricostatus *Lec.*
alternatus *Er.*
  Hister alt. *Say.*

[1] *Omalodes borealis* Lec. is O. omega with a false locality.
[2] *H. thoracicus* Payk. is probably not North American. *H.* [illegible] Er. is an East Indian species. *Abbottii*, *purpurascens*, and *georgianus* Leach, are irrecognizable.

Epierus Er.

coproides Mars. —
regularis LeC.
  Hister reg. Beauv.
  H. nigrellus Say.
ellipticus LeC.
pulicarius Er.
  minor LeC.
planulus Er.
  vicinus LeC.
decipiens LeC.

Bacanius LeC.

tantillus LeC.
misellus LeC.
punctiformis Mars.
  Abraeus punct. LeC.

Sphaeroderma Mars.

marginatum LeC.
  Bacanius? marg. LeC.

Dendrophilus Leach.

punctulatus LeC.
  Hister punct. Say.

Paromalus Er.

affinis LeC.
aequalis LeC.
  Hister aeq. Say.
  P. complanatus Er.
estriatus LeC.
bistriatus Er.
seminulum Er.

§ Carcinops Mars.

opuntiae LeC.
consors LeC.
tenellus Er.
  gilensis LeC.
pumilio Er.
  Hister nanus LeC.
conjunctus LeC.
  Hister conj. Say.
geminatus (LeC.)
corticalis Mars.
  Hister cort. LeC.

Saprinus Leach.

§ Gnathoncus DuVal.

rotundatus Er.
  Hister rotund. Fabr.
  Sap. deletus LeC.
interceptus LeC.

§

alienus LeC.
discoidalis LeC.
interstitialis LeC.
obscurus LeC.
pectoralis LeC.
pasminosus LeC.
lugens Er.
  californicus Mann.
spurcus LeC.
oregonensis LeC.
distinguendus Mars.
imperfectus LeC.
impressus LeC.
infaustus LeC.
  pictus? LeC.
pennsylvanicus Er.
  Hister penn. Payk.
conformis LeC.
parumpunctatus LeC.
orbiculatus Mars. —
assimilis Er.
  Hister ass. Payk.
neglectus LeC.
posthumus Mars. —
minutus LeC.
latubris LeC.[1]
  placidus Mars.
  ?placidus Er.
vescus Mars. —
insertus LeC.
obductus LeC.
ciliatus LeC.
vinctus LeC.
luridus LeC.
scissus LeC.
scrupularis LeC.
pratensis LeC.
  desertorum? Mars.
vestitus LeC.
fimbriatus LeC.
plenus LeC.
vitiosus LeC.
lubricus LeC.
coerulescens LeC.
olidus LeC.
convexiusculus Mars. —
sphaeroides LeC.
  var. bigener LeC.
seminitens LeC. n. sp.
fraternus LeC.
  Hister frat. Say.
mancus LeC.
  Hister manc. Say.
estriatus LeC.
bigemmeus LeC.
patruelis LeC.
lavati Mars.
  an praec. var.?
ferrugineus Mars. —
lucidulus LeC.
  barbipes Mars.
dimidiatipennis LeC.
  Hister dim. LeC.
  H. bimaculatus var.? Herbst.
  var. H. palmatus Say.
  var. S. desertorum Mars.
gaudens LeC.
  Pachylopus gaud. LeC.
serrulatus LeC.
  Pachylopus serr. LeC.
sulcifrons Mann.[2]
  Pachylopus sulc. LeC.

Teretrius Er.

obliquulus LeC.
americanus LeC.
  placipes? LeC.

Plegaderus Er.

sayi Mars.
transversus Say.
erichsonii LeC.
  pusillus? LeC.

Acritus LeC.

discus LeC.
fimetarius LeC.
strigosus LeC.
conformis LeC.
acupictus Mars. —
acaroides Mars. —
lateralis Mars. —
simplex LeC.
basalis LeC.
brevisternus Mars. —
politus LeC.
maritimus LeC.
exiguus LeC.
  Abraeus ex. Er.
  Ab. sciurulatus LeC.
  Ab. obliquus LeC.
cribripennis Mars. —
natchez Mars. —

MURMIDIIDAE.

Murmidius Leach.

ovalis Leach.
  Hister ovalis Beck.
  Ceutocerus advena Germ.

---

[1] It is impossible to determine to what species the synonym should be placed. By some clerical error, the description of Erichson is completely confused.

[2] S. rugifrons and rubriventris Mars. are of doubtful locality, and perhaps are North American.

SCAPHIDIIDAE.

Scaphidium Oliv.

obliteratum *Lec.*
quadriguttatum *Say.*
quadripustulatum *Say.*
piceum *Mels.*
  quadriguttatum var. β *Say.*

Scaphium Kirby.

castanipes *Kirby.*

Cyparium Er.

flavipes *Lec.*

Baeocera Er.

concolor *Er.* —
  Scaphidium conc. *Fabr.*
apicalis *Lec.*

Scaphisoma Leach.

castaneum *Lec.*
  Scaphidium cast. *Motsch.*
convexum *Say.*
punctulatum *Lec.*
suturale *Lec.*
terminatum *Mels.*
rufulum *Lec.*
pusillum *Lec.*

Toxidium Lec.

gammaroides *Lec.*

TRICHOPTERYGIDAE.

Trichopteryx Kirby.

haldemani *Lec.*
  rotundata? *Hald.*
discolor *Hald.*
laticollis *Mäklin.*
abrupta *Hald.*
fuscipennis *Hald.*
rotundata? *Motsch.*
aspera *Hald.*
[illegible] *Mäklin.*
sitkaensis *Allibert.* —
  Ptilium sitk. *Motsch.*
  Acratrichis sitk. *Motsch.*
depressa *Gillm.*

Ptilium Er.

collani *Mäkl.* —
canadense *Lec.* n. sp.
fungi *Lec.* n. sp.

§ Ptinella Motsch.

testaceum *Lec.* n. sp.
[illegible] *Lec.* n. sp.
brunneum *Lec.* n. sp.
pini *Lec.* n. sp.
quercus *Lec.* n. sp.
nigrovittis *Lec.* n. sp.

Ptenidium Er.

terminale *Hald.*
pullum *Mäkl.*
foveicolle *Lec.* n. sp.
lineatum *Lec.* n. sp.

PHALACRIDAE.

Phalacrus Payk.

seriatus *Lec.*
ovalis *Lec.*
penicillatus *Say.*
politus *Mels.*
pumilio *Lec.*
simplex *Lec.*

Olibrus Er.

vittatus *Lec.* n. sp.
bicolor *Er.*
  Phalacrus bic. *Gyll.*
striatulus *Lec.*
rufipes *Lec.*
semistriatus *Lec.*
rubens *Lec.*
pallipes. —
  Olibrus pall. *Say.*
obtusus *Lec.*
apicalis *Lec.*
  Phalacrus ap. *Mels.*
aquatilis *Lec.*
nitidus *Lec.*
  Phalacrus nit. *Mels.*
pusillus *Lec.*

Litochrus Er.

pulchellus *Lec.*

NITIDULIDAE.*

BRACHYPTERINI.

Cercus Latr.

abdominalis *Er.*
sericans *Lec.*

Brachypterus Kugel.

urticae *Kugelann.*
  Dermestes urt. *Fabr.*
  Cercus pusillus *Mels.*

Amartus Lec.

rufipes *Lec.*

CARPOPHILINI.

Colastus Er.

morio *Er.*
tinctus *Lec.*
  Strongylus tinct. *Mann.*
semitectus *Er.*
  Nitidula semit. *Say.*
maculatus *Er.* —
unicolor *Lec.*
  Nitidula unicolor *Say.*
  Col. obscurus *Er.*
obliquus *Lec.*
limbatus *Lec.*
truncatus *Lec.*
  Nitidula trun. *Randall.*
infimus *Er.* —

Tribrachys Lec.

caudalis *Lec.*
  Carpophilus caud. *Lec.*

Carpophilus Leach.

melanopterus *Er.*
hemipterus *Steph.*
  Dermestes hem. *Linn.*
  Carp. bimaculatus [illegible]
dimidiatus *Er.*
  Nitidula dim. *Fabr.*
pallipennis *Lec.*
  ?Cercus pall. *Say.*
  Carp. floralis *Er.*
marginatus *Er.*
  minutus *Mels.*
corticinus *Er.* —
niger *Er.*
  Cercus niger *Say.*

---

* A monograph of this family from the pen of my learned friend, Andrew Murray, is on the point of being published as a British Museum Catalogue. I therefore abstain from adding descriptions of many unnamed species to the present edition of the catalogue.

carbonatus *Lec.*
antiquus *Mels.*
  Cercus punctulatus *Mels.*
  ?Nitidula brachyptera *Say.*
discoideus *Lec.*

Conotelus Er.

obscurus *Er.*

NITIDULINI.

Epuraea Er.

corticina *Er.*
rufida *Mels.*
badia *Lec.* —
  Omosita bad. *Mels.*
infuscata *Mäkl.*
convexiuscula *Mann.*
placida *Mäkl.*
flavomaculata *Mäkl.* —
ambigua *Mäkl.*
labilis *Er.*
adumbrata *Mäkl.*
nigra *Mäkl.*
linearis *Mäkl.*
planulata *Er.*
truncatella *Mann.*
nubila *Lec.*
helvola *Er.*
  Omosita castanea *Mels.*
rufa *Er.*
  Nitidula rufa *Say.*
?avara (*Randall*). —

Nitidula Fabr.

bipustulata *Fabr.*
obscura *Fabr.* —
ossium *Kirby.* —
humeralis *Lec.*
ziczac *Say.*
uniguttata *Mels.*

Prometopia Er.

sexmaculata *Er.*
  Nitidula sexm. *Say.*

Lobiopa Er.

setulosa *Lec.* n. sp.
undulata *Er.*
  Nitidula und. *Say.*
guttulata *Lec.* n. sp.

Omosita Er.

colon *Er.*
  Silpha colon *Linn.*
  Nitidula col. *Fabr.*
inversa *Lec.*

Phenolia Er.

grossa *Er.*
  Nitidula gr. *Fabr.*

Stelidota Er.

geminata *Er.*
  Nitidula gem. *Say.*
octomaculata *Lec.*
  Nitidula oct. *Say.*

Meligethes Kirby.

saevus *Lec.*
ruficornis *Lec.*
rufimanus *Lec.*
moerens *Lec.*
obsoletus *Lec.*
seminulum *Lec.*

Psilopyga Lec.

histrina *Lec.*
nigripennis *Lec.* n. sp.

Pocadius Er.

helvolus *Er.*

CYCHRAMINI.

Cychramus Er.

adustus *Er.*

Amphicrossus Er.

ciliatus *Er.*
  Nitidula cil. *Oliv.*
  N. [illegible] *Say.*
concolor *Lec.*

Pallodes Er.

silaceus *Er.*

Cybocephalus Er.

nigritulus *Lec.* n. sp.

IPINI.

Cryptarcha Shuckard.

ampla *Er.*
liturata *Lec.*
  picta *Mels.*
strigata *Herr.*
  Nitidula strig. *Fabr.*

Ips Fabr.

fasciatus *Say.*
  Nitidula fasc. *Oliv.*
quadrisignatus *Say.*
bipustulatus *Mels.*
geminatus *Mels.* —
obtusus *Say.*
sanguinolentus *Say.*
  Nitidula sang. *Oliv.*
cylindricus *Lec.* n. sp.
confluens *Say.*
  Engis confluentus *Say.*
dejeanii *Kirby.*
  sepulchralis *Randall.*
vittatus *Say.* —

Pityophagus Shuck.

bipunctatus *Lec.*
  Colydium bip. *Say.*

RHIZOPHAGINI.

Rhizophagus Herbst.

dimidiatus *Mann.*
minutus *Mann.* —
scalpturatus *Mann.* —
abbreviatus *Motsch.* —

MONOTOMIDAE.

Phyconomus Lec.

marinus *Lec.*
  Monotoma mar. *Lec.*

Nomophloeus Lec.

pallipennis *Lec.*

Hesperobaenus Lec.

rufipennis *Lec.*
  Monotoma ruf. *Lec.*
rufipes *Lec.* n. sp.

Bactridium Lec.

nanum *Lec.*
  Rhizophagus n. *Er.*
  R. erythropterus *Mels.*
  R. ephippiger *Guérin.*
striatum *Lec.*
  Monotoma str. *Lec.*

Monotoma Herbst.

productum *Lec.*
fulvipes *Mels.*
  opaca *Ziegler.*

foveatum *Lec.*
americanum *Aubé.*
parallelum *Lec.*
nucidum *Lec.*

TROGOSITIDAE.

TROGOSITIDAE (genuini).

Nemosoma Latr.

parallelum *Lec.*
  Rhizophagus? par. *Mels.*
cylindricum *Lec.* n. sp.

Temnochila Westw.

acuta *Lec.*
aerea *Lec.*
chlorodia *Lec.*
  Trogosita chl. *Mann.*
viridicyanea *Lec.*
  Trogosita virid. *Mann.*
virescens *Er.*
  Trogosita vir. *Ol.*
barbata *Lec.* n. sp.

Alindria Er.

cylindrica *Er.*
  Trogosita cyl. *Esch.*
  Hypophloeus niger *Mels.*
  var. Hyp. nigellus *Mels.*
teres *Lec.*
  Hypophloeus t. *Mels.*

Trogosita Oliv.

mauritanica *Oliv.*
  Tenebrio maur. *Linn.*
  Tr. caraboides *Fabr.*
nitida *Horn.*
californica *Horn.*
crassicornis *Horn.*
pleuralis *Horn.*
limbalis *Mels.*
marginata *Beauv.*
corticalis *Mels.*
intermedia *Horn.*
dubia *Mels.*
semicylindrica *Horn.*
nana *Mels.*
  ?pusilla *Beauv.*
collaris *Sturm.*
alonata *Lec.*
cuneiformis *Horn.*
nigrita *Horn.*
castanea *Mels.*
laticollis *Horn.*
bimaculata *Mels.*
obscura *Horn.*
rugosipennis *Horn.*
obtusa *Horn.*[1]

PELTIDAE.

Nosodes Lec.

serrata *Lec.*
  Peltis serr. *Lec.*
silphoides *Lec.*
  Boletophagus silp. *Newm.*

Peltis Kug.

pippingskoeldi *Mann.*
fraterna *Randall.*
ferruginea *Kug.*
  Silpha ferr. *Linn.*
  P. septentrionalis *Randall.*
quadrilineata *Mels.*
  var. marginata *Mels.*

Thymalus Latr.

fulgidus *Er.*
  marginicollis *Chevr.*

PELTASTICIDAE.

Peltastica Mann.

tuberculata *Mann.*

COLYDIIDAE.

SYNCHITINI.

Anchomma Lec.

costatum *Lec.*

Rhagodera Er.

tuberculata *Mann.*

Coxelus Latr.

guttulatus *Lec.* n. sp.

Ditoma Illiger.

sulcata *Lec.*
ornata *Lec.*
laticollis *Lec.* n. sp.
quadriguttata *Lec.*
  Synchita qu. *Say.*
  Bitoma zimmermanni *Gad.*

Endeitoma Lec.

undulata *Lec.*
  Bitoma undulata *Mels.*

Synchita Hellwig.

granulata *Say.*
nigripennis *Lec.* n. sp.
parvula *Guérin.*
variegata *Lec.*

Cicones Curtis.

marginalis *Mels.*

Lasconotus Er.

complex *Lec.*
pusillus *Lec.* n. sp.

COLYDIINI.

Aulonium Er.

parallelipipedum *Er.*
  Colydium par. *Say.*
aequicolle *Lec.*
tuberculatum *Lec.* n. sp.

Colydium Fabr.

lineola *Say.*
nigripenne *Lec.* n. sp.
?longiusculum *Say.* —

Eulachus Er.

carinatus *Lec.* n. sp.

Nematidium Er.

filiforme *Lec.* n. sp.

Oxylaemus Er.

americanus *Lec.* n. sp.

---

[1] The descriptions of the following species are so imperfect that they cannot be identified: *T. subnigra* Beauv., *T. depressa* Beauv., *T. americana* Kirby. *T. pusillus* probably belongs to Laemophloeus.

BOTHRIDERINI.

Bothrideres Er.

exaratus *Melsh.*
geminatus; *Hald.*
geminatus *Er.*
Lyctus gem. *Say.*

Sosylus Er.

costatus *Lec.* n. sp.

PYCNOMERINI.

Endectus Lec.

haematodes *Lec.*
Lyctus haem. *Fabr.*
Xylotrogus brevicornis *Melsh.*
nitidus *Lec.* n. sp.
reflexus *Lec.*
Lyctus refl. *Say.*

Pycnomerus Er.

sulcicollis *Lec.* n. sp.

CERYLINI.

Philothermus Aubé.

glabriculus *Lec.* n. sp.

Cerylon Latr.

simplex *Lec.*
castaneum *Say.*
unicolor *Lec.*
Lathridius un. *Ziegler.*
angustulum *Lec.* n. sp.

RHYSSODIDAE.

Rhyssodes Dalm.

exaratus *Ill.*
aratus *Newman.*

Clinidium Kirby.

conjungens *Lec.*
Rhyssodes conj. *Germ.*

CUCUJIDAE.

SYLVANIDAE.

surinamensis *Steph.*
Dermestes sur. *Linn.*
Colydium frument. *Fabr.*
Derm. sexdentatus *Fabr.*
Sylv. frumentarius *Er.*
bidentatus *Er.*
Dermestes bid. *Fabr.*
planatus *Germ.*
zimmermanni *Guérin.*
cognatus *Lec.*
imbellis *Lec.*
nitidulus *Lec.*
opaculus *Lec.*
rectus *Lec.*
quadricollis *Guérin.*
advena *Er.*
Cryptophagus adv. *Waltl.*
Latrid. musaeorum *Ziegl.*

Nausibius Redt.

dentatus *Schönh.*
Corticaria dent. *Marsham.*
Lyctus dent. *Fabr.*
Sylvanus dent. *Say.*

PASSANDRIDAE.

Catogenus Westwood.

rufus *Westw.*
Cucujus rufus *Fabr.*
puncticollis *Newm.* —
linearis *Lec.* n. sp.

CUCUJIDAE.

CUCUJINI.

Cucujus Fabr.

clavipes *Fabr.*
puniceus *Mann.*

Pediacus Shuckard.

subcarinatus *Mann.*
planus *Lec.*
Sylvanus planus *Lec.*
subglaber *Lec.*

Laemophloeus Lap.

biguttatus *Lec.*
Cucujus big. *Say.*
Laem. bisignatus *Guérin.*
fasciatus *Melsh.*
adustus *Lec.*
bullatus *Lec.*
nitens *Lec.*
zimmermanni *Lec.*
ferrugineus *Er.*
Cucujus ferr. *Creutz.*
Cucujus test. *Payk.*
punctatus *Lec.*
geminatus *Lec.*
longicornis *Mann.* —
modestus *Lec.*
Cucujus mod. *Say.*
Laem. singularis *White.*
puberulus *Lec.*
cephalotes *Lec.*
?pusillimus —
Trogosita pus. *Mann.*

Narthecius Lec.

grandiceps *Lec.* n. sp.

BRONTINI.

Dendrophagus Schönh.

glaber *Lec.*
cygnaei *Mann.* —
americanus *Mann.* —

Brontes Fabr.

dubius *Fabr.*
debilis *Lec.*
truncatus *Mannh.*

HEMIPEPLIDAE.

Hemipeplus Latr.

marginipennis *Lec.*
Kemicolus marg. *Lec.*

TELEPHANIDAE.

TELEPHANINI.

Telephanus Er.

velox *Hald.*
Heterodromia vel. *Hald.*

PSEUDOPHANINI.

Pseudophanus Lec.

signatus *Lec.*

CRYPTOPHAGIDAE.

TELMATOPHILINI.

Telmatophilus Heer.

americanus *Lec.* n. sp.

Loberus Lec.

impressus *Lec.* n. sp.

CRYPTOPHAGINI.

Antherophagus Latr.

ochraceus *Mels.*
suturalis *Mann.* —
convexulus *Lec.* n. sp.

Cryptophagus Herbst.

tuberculosus *Mäkl.* —
quadrihamatus *Mäkl.* —
cellaris *Er.*
  Dermestes cell. *Scop.*
  Crypt. crenatus *Herbst.*
octodentatus *Mäkl.*
quadridentatus *Mann.*
bidentatus *Mäkl.*
punctatissimus *Mäkl.* —
californicus *Mann.* —
difficilis *Lec.*
debilis *Lec.*
hirtulus *Lec.*
  pilosus? *Lec.*
saginatus *Sturm.* ?
?humeralis *Kirby.* —
?concolor *Kirby.* —

Paramecosoma Curtis.

serrata *Er.*
  Cryptophagus serr. *Gyll.*
denticulata *Lec.*
  Cryptophagus dent. *Lec.*
inconspicua *Lec.*
  Cryptophagus inc. *Lec.*

Tomarus Lec.

pulchellus *Lec.* n. sp.

ATOMARIINI.

Atomaria Kirby.

ferruginea *Er.*
  Cryptophagus ferr. *Sahl.*
atra *Kirby.* —
vespertina *Mäkl.*
plagiata *Mäkl.* —
fasciicollis *Mann.* —

§

kamtschatica *Motsch.*
fulvipennis *Mann.*
lepidula *Mäkl.*
laetula *Lec.*

Epistemus Steph.

apicalis *Lec.* n. sp.

DERODONTIDAE.

Derodontus Lec.

maculatus *Lec.*
  Cryptophagus mac. *Mels.*
trisignatus *Lec.*
  Corticaria tris. *Mann.*

LATHRIDIIDAE.

Holoparamecus Curtis.

pacificus *Lec.* n. sp.

Bonvouloiria DuVal.

parviceps *Lec.*
  Lathridius parv. *Lec.*

Lathridius Ill.

quadricollis *Mann.*
protensicollis *Mann.*
cordicollis *Mann.* —
cinnamopterus *Mann.* —
fulvipennis *Mann.* —
incisus *Mann.* —
strangulatus *Mann.* —
curtulus *Mann.* —
sobrinus *Mann.*
liratus *Lec.* n. sp.
sculptilis *Lec.*
costicollis *Lec.*
pulicarius *Lec.*
  Corticaria pul. *Mels.*
crenatus *Lec.*
reflexus *Lec.*
minutus *Latr.*
  Tenebrio min. *Linn.*
parallelocollis *Mann.* —
filiformis *Dahl.*

Corticaria Marsham.

grossa *Lec.*
octodentata *Mann.* —
  Lathridius oct. *Say.*
serricollis *Lec.*
dentigera *Lec.*
prionodera *Lec.*
rugulosa *Lec.*
spinulosa *Mann.* —
canaliculata *Mann.* —
orbicollis *Mann.* —
kirbyi *Lec.*
  denticulata? *Kirby.*
obtusa *Lec.*
deleta *Mann.*
longipennis *Lec.*
scitula *Lec.*
americana *Mann.*
expansa *Lec.*
tenella *Lec.*
pusilla *Mann.* —
exigua *Mann.* —
compta *Lec.*
grata *Lec.*
angularis *Lec.*
cavicollis *Lec.*
ferrugularis *Lec.*
laevis *Lec.*
herbivagans *Lec.*
morsa *Lec.*
pumila *Mels.*
  pusilla *Mels.*
rufula *Lec.*

§

picta *Lec.*
simplex *Lec.*

OTHNIIDAE.

Othnius Lec.

umbrosus *Lec.*
guttulatus *Lec.*

MYCETOPHAGIDAE.

MYCETOPHAGIDAE (genuini).

Mycetophagus Hellw.

punctatus *Say.*
flexuosus *Say.*
pluriguttatus *Lec.*
melsheimeri *Lec.*
  bimaculatus p. *Mels.*
obscurus *Lec.*
pluripunctatus *Lec.*
pini *Ziegler.*
obsoletus *Mels.*
  Triphyllus obs. *Mels.*
bipustulatus *Mels.*

Triphyllus Latr.

ruficornis *Lec.* n. sp.

Litargus Er.

tetraspilotus *Lec.*
sexpunctatus *Lec.*
  Mycetophagus sexp. *Say.*

transversus *Lec.*
infulatus *Lec.*
balteatus *Lec.*
didesmus *Er.*
  Mycetophagus did. *Say.*
nebulosus *Lec.*

Typhaea Curtis.

fumata *Curtis.*
  Dermestes fum. *Linn.*
  Cryptophagus crenatus? *Mels.*
  Cryp. gilvellus *Mels.*

Berginus Er.

pumilus *Lec.* n. sp.

DIPHYLLIDAE.

Marginus Lec.

rudis *Lec.* n. sp.

Diplocoelus Guérin.

brunneus *Lec.* n. sp.

DERMESTIDAE.

BYTURIDAE.

Byturus Latr.

unicolor *Say.*
grisescens *Lec.*

DERMESTIDAE (genuini).

Dermestes Linn.

marmoratus *Say.*
mannerheimii *Lec.*
  marmoratus *Mann.*
fasciatus *Lec.*
caninus *Germ.*
nubilus *Say.*
  dissector *Kirby.*
  vix a praec. diff.
murinus *Linn.*
sobrinus *Lec.*
talpinus *Mann.*
rattus *Lec.*
mucoreus *Lec.*
pulcher *Lec.*
lardarius *Linn.*
elongatus *Lec.*
vulpinus *Fabr.*
  maculatus *De Geer.*
  var. D. lupinus *Er.*

Attagenus Latr.

pellio *Steph.*
  Dermestes pell. *Linn.*
megatoma *Er.*
  Dermestes meg. *Fabr.*
spurcus *Lec.*
  ?Att. cylindricornis *Say.*
dichrous *Lec.*
rufipennis *Lec.*
cylindricus *Kirby.* —
?angularis *Mann.* —

Dearthrus Lec.

longulus *Lec.* n. sp.

Trogoderma Latr.

ornatum *Lec.*
  Megatoma orn. *Say.*
inclusum *Lec.*
pallipes *Ziegler.*
tarsale *Mels.*
pusillum *Lec.*

Cryptorhopalum Guérin.

balteatum *Lec.*
triste *Lec.*
apicale. —
  Anthrenus ap. *Mann.*
nigricorne *Lec.*
picicorne *Lec.*
ruficorne *Lec.*
haemorrhoidale *Lec.*
  Anthrenus haem. *Lec.*
fusculum *Lec.*

Anthrenus Fabr.

thoracicus *Mels.*
lepidus *Lec.*
adspersus *Herbst.* —
varius *Fabr.*
  tricolor *Herbst.*
  destructor *Mels.*
flavipes *Lec.*

[illegible]

castaneae *Mels.*

Apsectus Lec.

hispidus *Lec.*
  Syncalypta hisp. *Mels.*

Orphilus Er.

ater *Er.*
subnitidus *Lec.*

BYRRHIDAE.

NOSODENDRIDAE.

Nosodendron Latr.

unicolor *Say.*

BYRRHIDAE (genuini).

AMPHICYRTINI.

Amphicyrta Er.

chrysomelina *Er.*
dentipes *Er.*
  Lasyphus hybosoroides *Mann.*
simplicipes *Mann.* —

Simplocaria Marsh.

tessellata *Lec.*
  Byrrhus tess. *Lec.*
metallica *Er.*
  Byrrhus met. *Sturm.*
  B. picipes *Gyll.*
  Simplocaria pic. *Stephens.*
nitida *Motsch.*

Pedilophorus Steff.

oblongus *Lec.*
  acuminatus? *Lec.*
acuminatus *Lec.*
  Morychus ac. *Mann.*
aeneolus *Lec.* n. sp.

BYRRHINI.

Cytilus Er.

varius *Er.*
  Byrrhus var. *Fabr.*
  B. trivittatus *Mels.*
  var. B. alternatus *Say.*

Byrrhus Linn.

kirbyi *Lec.*
  picipes? *Kirby.*
americanus *Lec.*
cyclophorus *Kirby.*
fasciatus *Fabr.*
  Cistela fascia *Fabr.*
geminatus *Lec.*
eximius *Lec.*
murinus *Fabr.*
  undulatus *Mels.*
  glabratus *Mels.*

concolor *Kirby.* —
 an Cytili varii var.?

Syncalypta Steph.

strigosa *Lec.*
 Simplocaria str. *Mels.*
echinata *Lec.*
albonotata *Lec.*
setulosa *Mann.* —

LIMNICHINI.

Limnichus Latr.

olivaceus *Lec.*
punctatus *Lec.*
obscurus *Lec.*
ater *Lec.*
nitidulus *Lec.*
ovatus *Lec.*

Physemus Lec.

minutus *Lec.*

GEORYSSIDAE.

Georyssus Latr.

pusillus *Lec.*

PARNIDAE.

PSEPHENIDAE.

Psephenus Hald.

lecontei *Hald.*
 Eurypalpus lec. *Lec.*

PARNIDAE (genuini).

LARINI.

Lara Lec.

avara *Lec.*

PARNINI.

Lutrochus Er.

luteus *Lec.*

Pelonomus Er.

obscurus *Lec.*

Helichus Er.

striatus *Lec.*
fastigiatus *Lec.*
 Parnus fast. *Say.*
 H. basalis *Lec.*
foveatus *Lec.*
suturalis *Lec.*
productus *Lec.*
aequalis *Lec.*
lithophilus *Er.*
 Elmis lith. *Germ.*

ELMIDAE.

Limnius Müller.

fastiditus *Lec.*
ovalis *Lec.* n. sp.

Elmis Latr.

elegans *Lec.*
vittatus *Mels.*
bivittatus *Lec.*
quadrinotatus *Say.*

Stenelmis Dufour.

sinuatus *Lec.*
crenatus *Lec.*
 Elmis cr. *Say.*
bicarinatus *Lec.*
pusillus *Lec.*

Macronychus Müller.

glabratus *Say.*
 lateralis *Mels.*

Ancyronyx Er.

variegatus *Er.*
 Macronychus var. *Germ.*
 Elmis cinctus *Say.*

HETEROCERIDAE.

Heterocerus Fabr.

gnatho *Lec.* n. sp.
labratus *Lec.* n. sp.
ventralis *Mels.*
 labiatus *Kies.*
auromicans *Kies.*
cuniculus *Kies.*
tristis *Mann.* —
fatuus *Kies.*
substriatus *Kies.* —
miser *Kies.* —
mollinus *Kies.*
collaris *Kies.*
limbatus *Kies.*
luteolus *Lec.* n. sp.
pallidus *Say.* —
pusillus *Say* —

LUCANIDAE.

LUCANINI.

Lucanus Linn.

elaphus *Fabr.*
dama *Thunb.*
 capreolus *Linn.*
placidus *Say.*
 levatus *Lap.*

Dorcus McLeay.

mazama *Lec.*
brevis *Say.*
parallelus *Say.*
 ?Lucanus bosci *Sch.*
ocalatus *Lec.* n. sp.

Platycerus Geoffr.

quercus *Sch.*
 Lucanus qu. *Weber.*
 Pl. securidens *Say.*
 ?Lucanus virescens *Fabr.*
coerulescens *Lec.*
depressus *Lec.*
 ?piceus] *Kirby.*
 ?oregonensis [*Westwood.*
agassii *Lec.*

Ceruchus McLeay.

striatus *Lec.*
piceus *McLeay.*
 Lucanus pic. *Weber.*

Sinodendron Hellw.

rugosum *Mann.*
americanum *Beauv.* —
 an vere Am. bor.?

PASSALIDAE.

Passalus Fabr.

cornutus *Fabr.*
 interruptus] *Oliv.*
 distinctus *Weber.*

SCARABAEIDAE.

a LAPAROSTICTI.

COPRINI.

Canthon Hoffm.

vigilans *Lec.*
laevis *Lec.*
  Scarabaeus laev. *Drury.*
  Sc. volvens *Fabr.*
  Ateuchus volv. *Fabr.*
  Sc. pilularius? *De Geer.*
  Coprobius obtusidens *Zieg.*
chalcites *Hald.*
  Coprobius ch. *Hald.*
ebenus *Lec.*
  Ateuchus eb. *Say.*
depressipennis *Lec.*
nigricornis *Lec.*
  Ateuchus nig. *Say.*
praticola *Lec.*
abrasus *Lec.*
simplex *Lec.*
cyanellus *Lec.*
viridis *Lec.*
  Copris vir. *Beauv.*
  Onthophag. viridicatus *Say.*
  var. At. obsoletus *Say.*
perplexus *Lec.*
probus *Germ.* —

Deltochilum Esch.

gibbosum *Lec.*
  Ateuchus gibb. *Fabr.*
  Hyboma gibb. *Lepell.*

Choeridium Lep.

capistratum *Lepell.*
  Ateuchus cap. *Fabr.*
  At. histeroides *Weber.*

Copris Geoffr.

carolina *Fabr.*
  Scarabaeus car. *Linn.*
  [illegible] copris car. *Hald.*
moechus *Lec.*
anaglypticus *Say.*
ammon *Fabr.*
  Scarabaeus minutus *Drury.*

Phanaeus McLeay.

morio *Lec.*, n. sp.
difformis *Lec.*
carnifex *McLeay.*
  Scarabaeus carn. *Linn.*
triangularis *Lec.*
  Copris triang. *Say.*
  var. Ph. torrens *Lec.*
nigrocyaneus *McLeay.*

Onitis Fabr.

nicanor *Fabr.*

Onthophagus Latr.

latebrosus *Sturm.*
  Copris lat. *Fabr.*
  Scarabaeus hecate *Panzer.*
  ?Copris hastator *Fabr.*
  ?Copris obtecta *Beauv.*
protensus *Mels.*
canadensis *Sturm.*
  Copris can. *Fabr.*
  Scarabaeus orpheus *Panz.*
subaeneus. —
  Copris sub. *Beauv.*
  an praec. var.?
striatulus *Lec.*
  Copris str. *Beauv.*
  Scarabaeus janus *Panz.*
  Onth. cavicornis *Kirby.*
  Onth. castaneus *Mels.*
  Onth. niger *Mels.*
scabricollis *Kirby.*
ovatus *Say.*[1]
  Scarabaeus ov. *Linn.*

APHODIINI.

Aphodius Ill.

§ Colobopterus Muls.

pinguis *Hald.*
hyperboreus *Lec.*
angularis *Lec.*
  ?hamatus *Say.*
ominosus *Lec.*
  ?concavus *Hald.*

§ Teuchestes Muls.

fossor *Fabr.*
  Scarabaeus foss. *Linn.*

§

denticulatus *Hald.*
fimetarius *Ill.*
  Scarabaeus fim. *Linn.*
  Aph. nudifrons *Randall.*
curtus *Hald.*
ruricola *Mels.*
foetidus *Fabr.*
  tenellus *Say.*
congregatus *Mann.*
ursinus *Mann.*
aleutus *Esch.* —
guttatus *Esch.* —
pectoralis *Lec.*
granarius *Ill.*
  Scarabaeus gr. *Linn.*
  Aph. 4-tuberculatus *Fabr.*
  var. Aph. metallicus *Hald.*
  var. Aph. aprotus *Hald.*
aterrimus *Mels.* —
vittatus *Say.*
lividus *Creutz.*
  Scarabaeus liv. *Oliv.*
  Aph. anachoreta *Fabr.*
inquinatus *Fabr.*
  maculipennis *Mels.*
serval *Say.*
pardalis *Lec.*
lutulentus *Hald.*
rubidus *Lec.*
concavus *Say.*
  laevigatus *Hald.*
copronymus *Mels.*
  ?Scarab. rubeolus *Beauv.*
consentaneus *Lec.*
stercorosus *Lec.*
terminalis *Say.*
bicolor *Say.*
subaeneus *Lec.*
femoralis *Say.*
oblongus *Say.*
  badipes *Mels.*
cadaverinus *Fr.*
  Oxyomus cad. *Mann.*
dentiger *Lec.*
militaris *Lec.*
truncatus *Mels.*
  var. cervinus *Hald.*
striatulus *Say.*[2]
  Rhyssemus cribrosus *Lec.*

Euparia Lep.

castanea *Lep.*
stercorator *Er.*
  Aphodius st. *Fabr.*
cognata *Lec.*
strigata *Lec.*
  Aphodius str. *Say.*
  Aph. spretulus *Hald.*
puncticollis *Lec.*
abdita *Lec.*
  Aphodius abd. *Hald.*
gracilis *Lec.*
  Oxyomus gr. *Mels.*

---

[1] *O. rhinoceros* Melsh. is the European *O. nuchicornis.*
[2] *A.* [illegible] Mels. is the European *A. erraticus.*

alternata *Lec.*
  Oxyomus alt. *Mels.*
imbricata *Lec.*
  Aphodius imb. *Mels.*

Rhyssemus Muls.

scaber *Hald.*

Psammodius Gyll.

aegialioides *Hald.*
interruptus *Say.*

Aegialia Latr.

lacustris *Lec.*
conclata *Lec.*
crassa *Lec.*
cylindrica *Mann.*
  Psammodius cyl. *Esch.*
  Oxyomus cyl. *Mann.*
clypeata. —
  Aphodius clyp. *Say.*

ORPHNINI.

Ochodaeus Lep.

frontalis *Lec.* n. sp.
musculus *Lec.*
  Bolboceras musc. *Say.*
  Och. americanus *Westwood.*
simplex *Lec.*
striatus *Lec.*

HYBOSORINI.

Hybosorus McLeay.

arator *McLeay.*
  Scarabaeus ar. *Ill.*
  Hyb. illigeri *Reiche.*

GEOTRUPINI.

Athyreus McLeay.

ferrugineus *Klug.*
  Scarabaeus ferr. *Beauv.*
  Bolb. ferricollis *Lap.*
fossatus *Lec.*
  Bolboceras foss. *Hald.*
serratus *Lec.*

Bolboceras Kirby.

tumefactus *Klug.*
  Scarabaeus tum. *Beauv.*
  vix a seq. distinctus.
furcatus *Klug.*
  Scarabaeus furc. *Fabr.*
  Scar. cephus *Oliv.*
lazarus *Lap.*
  Scarabaeus l. *Fabr.*
  Geotrupes mollibus *Fabr.*

Odontaeus Klug.

filicornis *Er.*
  Bolboceras fil. *Say.*
cornigerus *Lec.*
  Bolboceras corn. *Mels.*
obesus *Lec.*

Geotrupes Latr.

egeriei *Germ.*
excrementi *Say.*
opacus *Hald.*
splendidus *Fabr.*
blackburnii *Fabr.*
retusus *McLeay.*

PLEOCOMINI.

Pleocoma Lec.

fimbriata *Lec.*

ACANTHOCERINI.

Acanthocerus McL.

aphodioides *Germ.*
  Melolontha aph. *Ill.*
  Trox splendidus *Say.*
  Scarabaeus latipes *Germ.*
  Ac. laevistriatus *Lap.*
globosus *Germ.*
  Trox glob. *Say.*
aeneus *McLeay.* —

Sphaeromorphus Germ.

volvox *Germ.*

NICAGINI.

Nicagus Lec.

obscurus *Lec.*

TROGINI.

Trox Fabr.

§ Omorgus Er.

texanus (*Lec.*)
scutellaris *Say.*
suturalis (*Lec.*)
umbonatus (*Lec.*)
scabrosus *Beauv.*
pustulatus (*Lec.*)
  tuberculatus *Beauv.*
asper (*Lec.*)
punctatus *Germ.*
  alternatus *Say.*
  crenatus *Harris.*
  denticulatus *Beauv.*
  [illegible] *Beauv.*
morsus (*Lec.*)
integer (*Lec.*)
tessellatus (*Lec.*)

§

sonorae *Lec.*
alternans *Lec.*
sordidus *Lec.*
porcatus *Say.*
tuberculatus *Herbst.*
  Scarabaeus tub. *De Geer.*
  T. serrulatus *Beauv.*
  T. cancellatus *Say.*
erinaceus *Lec.*
terrestris *Say.*
capillaris *Say.*
variolatus *Mels.*
aequalis *Say.*
fascifer *Lec.*
laticollis *Lec.*
striatus *Mels.*
atrox *Lec.*

MELOLONTHIDAE.

GLAPHYRINI.

Dasydera Lec.

ursina *Lec.*
rathvoni *Lec.* n. sp.

Lichnanthe Burm.

vulpina *Burm.*
  Amphicoma vulp. *Hentz.*
lupina *Lec.*

ONCERINI.

Lasiopus Lec.

ferrugineus *Lec.*

Oncerus Lec.

floralis *Lec.*

HOPLIINI.

Hoplia Ill.

laticollis *Lec.*

oregona *Lec.*
convexula *Lec.*
pubicollis *Lec.*
callipyge *Lec.*
debilis *Lec.*
modesta *Hald.*
singularis *Burm.*
trifasciata *Say.*
  primaria *Burm.*
  helvola *Mels.*
  ♀ tristis *Mels.*
limbata *Lec.*
mucorea *Burm.*
  Melolontha muc. *Germ.*
  H. monticola *Mels.*

DICHELONYCHINI.

Dichelonycha Kirby.

elongatula *Fitch.*
  Melolontha elong. *Schönh.*
  Mel. elongata? *Fabr.*
  Mel. hexagona *Germ.*
  Dich. elongata *Burm.*
  Dich. virescens *Kirby.*
subvittata *Lec.*
  virescens var. *Kirby.*
testacea *Kirby.*
pallens *Lec.*
linearis *Burm.*
  Melolontha lin. *Gyll.*
fulgida *Lec.*
backii *Kirby.*
fuscula *Lec.*
truncata *Lec.*
rotundata *Lec.*
valida *Lec.*
albicollis *Burm.*
sulcata *Lec.*
pusilla *Lec.*

SERICINI.

Serica McLeay.

§ Camptorhina Kirby.

vespertina *Lec.*
  Melolontha vesp. *Schönh.*
  Omaloplia vesp. *Harris.*
  C. atricapilla *Kirby.*
texana *Lec.*
atratula *Lec.*
serotina *Lec.*

§

iricolor *Burm.*
  Melolontha ir. *Say.*
fimbriata *Lec.*
tristis *Lec.*
sericea *Burm.*
  Melolontha ser. *Ill.*
curvata *Lec.*
mixta *Lec.*
alternata *Lec.*
anthracina *Lec.*
frontalis *Lec.*
robusta *Lec.*
trociformis *Burm.*
  ?Melol. sphaeridion *Bill.*

MACRODACTYLINI.

Macrodactylus Latr.

subspinosus *Latr.*
  Melolontha subsp. *Fabr.*
setulosus *Lec.*
angustatus *Lec.*
  Melolontha ang. *Beauv.*
  Mel. elongata? *Herbst.*
  Mac. polyphagus *Burm.*

SERICOIDINI.

Hypotrichia Lec.

spissipes *Lec.*

DIPLOTAXINI.

Orsonyx Lec.

anxius *Lec.*

Dinacma Lec.

rudis *Lec.*

Diplotaxis Kirby.

sordida *Lec.*
  Melolontha sord. *Say.*
  Dipl. carbonaria *Burm.*
puberula *Lec.* n. sp.
subcostata *Blanchard.*
liberta *Burm.*
  Melolontha lib. *Germ.*
  Mel. moerens? *Say.*
brevicollis *Lec.*
obscura *Lec.*
tristis *Kirby.*
excavata *Lec.*
frontalis *Lec.*
punctatorugosa *Blan.* —
georgiae *Blanch.* —
frondicola? *Blanch.* —
castanea *Burm.* —
  an D. subcostata?
corpulenta *Burm.* —
angularis *Lec.*
moerens *Lec.*
punctipennis *Lec.*
texana *Lec.*
harperi *Blanch.*
frondicola *Lec.*
  Melolontha fr. *Say.*
  Dipl. testacea *Burm.*
dubia *Lec.*
truncatula *Lec.*
consors *Lec.*
carbonata *Lec.*
atratula *Lec.*
morula *Lec.*
punctata *Lec.*
cribulosa *Lec.*
subangulata *Lec.*
bidentata *Lec.*
tenuis *Lec.*

§

corvina *Lec.*
pacata *Lec.*

§

brevidens *Lec.*
haydenii *Lec.*
innoxia *Lec.*

Alobus Lec.

fulvus *Lec.*
  an rite Am. bor.?

MELOLONTHINI.

Eugastra Lec.

cribrosa *Lec.*
  Tostegoptera cr. *Lec.*
ventricosa *Lec.*
  Tostegoptera ventr. *Lec.*

Endrosa Lec.

quercus *Lec.*
  Melolontha qu. *Knoch.*
  M. fervida? *Ill.*
  Ancylonycha qu. *Burm.*
volvula *Lec.*

Lachnosterna Hope.

farcta *Lec.*
torta *Lec.*
frontalis *Lec.*
longitarsis *Lec.*
  Melolontha long. *Say.*
dispar *Lec.*
  Trichestes disp. *Burm.*
latifrons *Lec.*
corrosa *Lec.*

ephelida *Lec.*
  Melolontha eph. *Say.*
  Trichestes eph. *Burm.*
burmeisteri *Lec.*
  Trich. longitarsis] *Burm.*
glaberrima *Lec.*
  Ancylonycha gl. *Blanch.*
inana *Lec.*
congrua *Lec.*
futilis *Lec.*
fusca *Lec.*
  Melolontha fusca *Fröhl.*
  Mel. quercina *Knoch.*
  Mel. fervens *Gyll.*
  Mel. fervida] *Ol.*
  L. quercina *Lec.*
  Ancylonycha qu. *Burm.*
α. consimilis *Lec.*
β. anxia *Lec.*
  Anc. brevicollis *Blanch.*
γ. brevicollis (*Burm.*)
δ. puncticollis (*Blanch.*)
ε. drakii (*Kirby.*)
profunda (*Blanch.*) —
  var. praec. fide Burm.
uniformis (*Blanch.*) —
  var. praec. fide Burm.
cephalica *Lec.*
decidua *Lec.*
sororia *Lec.*
micans *Lec.*
  Melolontha mic. *Knoch.*
  Ancylonycha mic. *Blanch.*
serricornis *Lec.*
semicribrata *Lec.*
lugubris *Lec.*
cognata *Lec.*
  ?Ancylonycha cogn. *Burm.*
fraterna *Lec.*
  Phyllophaga fr. *Harris.*
  Ancylonycha fr. *Burm.*
lutescens *Lec.*
corrosa *Lec.*
calceata *Lec.*
marginalis *Lec.*
obesa *Lec.*
pruinosa *Lec.*
  Ancyl. pruinosa] *Mels.*
rugosa *Lec.*
affinis *Lec.*
knochii *Lec.*
  Melolontha kn. *Gyll.*
  Ancylonycha kn. *Blanch.*
ilicis *Lec.*
  Melolontha il. *Knoch.*
  Mel. porcina *Hentz.*
  Ancylonycha il. *Blanch.*
  Anc. fimbriata *Burm.*
ciliata *Lec.*
illicisi (*Burm.*) —

subtonsa *Lec.*
hirticula *Hope.*
  Melolontha hirt. *Knoch.*
  Mel. hirsuta] *Say.*
  Phylloph. hirt. *Harris.*
  Ancyl. hirt. *Burm.*
hirsuta *Lec.*
  Melolontha hirs. *Knoch.*
  Ancylonycha hirs. *Blanch.*
balia *Lec.*
  Melolontha balia *Say.*
  Ancyl. comata *Burm.*
villifrons *Lec.*
hirticeps *Lec.*
nitida *Lec.*
rufiola *Lec.*
robusta *Lec.*
integra *Lec.*
longicornis (*Burm.*) —
crassissima *Blanch.* —
diffinis (*Burm.*) —
gibbosa (*Burm.*) —
forsteri (*Burm.*) —

§ Holotrichia Hope ?

crenulata *Lec.*
  Melolontha cr. *Fröhl.*
  Mel. georgicana *Gyll.*
  Phyllophaga georg. *Harris.*
  Ancylonycha cr. *Blanch.*
albina *Lec.*
  Ancylonycha alb. *Burm.*
parvidens *Lec.*
rubiginosa *Lec.*
submucida *Lec.*
glabricula *Lec.*
glabripennis *Lec.*

§ Trichestes Er.

tristis *Lec.*
  Melolontha tr. *Fabr.*
  M. pilosicollis *Kn.*
  Trichestes pil. *Kir.*
  Trichestes tr. *Burm.*
crinita (*Burm.*)
comans (*Burm.*) —
prununculina (*Burm.*) —
gracilis (*Burm.*) —
maculicollis *Lec.* n. sp.
nitidula *Lec.* n. sp.

Gymnis Lec.

debilis *Lec.*
  an rite Am. bor.?

Listrochelus Blanch.

densicollis *Lec.* n. sp.
mucoreus *Lec.*
texanus *Lec.*
obtusus *Lec.*
falsus *Lec.*
fimbripes *Lec.*
scopularis *Lec.*
puberulus *Lec.* n. sp.

Tostegoptera Blanch.

lanceolata *Blanch.*
  Melolontha lanc. *Say.*
  Ancylonycha lanc. *Lec.*
  Lachnosterna lanc. *Lec.*
aequalis *Lec.*
  Lachnosterna aeq. *Lec.*

Polyphylla Harris.

hammondi *Lec.*
cavifrons *Lec.*
subvittata *Lec.*
decemlineata *Lec.*
  Melolontha 10-lin. *Say.*
crinita *Lec.*
variolosa *Harris.*
  Melolontha var. *Hentz.*
occidentalis *Er.*
  Scarabaeus occ. *Linn.*
  Melolontha occ. *Herbst.*

Thyce Lec.

squamicollis *Lec.*

MACROPHYLLINI.

Phobetus Lec.

comatus *Lec.*
testaceus *Lec.*

S. PLEUROSTICTI.

RUTELINI.

Anomala Koeppe.

parvula *Burm.*
varians *Burm.*
  Melolontha var. *Fabr.*
  Mel. variegata *Latr.*
  An. undulata *Mels.*
  An. maculata *Lap.*
minuta *Burm.*
flavipennis *Burm.*
  dichroa *Mels.*
luteipennis *Lec.*
binotata *Burm.*
  Melolontha bin. *Gyll.*
  Mel. unifasciata *Say.*
  An. marginella *Lec.*
inconstans *Burm.*
centralis *Lec.* n. sp.

§ Spilota Dej.

marginata *Burm.*
  Melolontha marg. *Fabr.*
  Mel. annulata *Germ.*
lucicola *Burm.*
  Melolontha luc. *Fabr.*
  var. Mel. innuba *Fabr.*
  var. An. pinicola *Mels.*
  var. Mel. atrata *Fabr.*
  An. nigritula *Lap.*

Strigoderma Burm.

pygmaea *Burm.*
  Melolontha pygm. *Fabr.*
arboricola *Burm.*
  Melolontha arb. *Fabr.*

Pelidnota McLeay.

punctata *McLeay.*
  Scarabaeus punct. *Linn.*
  var. Mel. lutea *Oliv.*
lucae *Lec.* n. sp.

Plusiotis Burm.

gloriosa *Lec.*

Cotalpa Burm.

lanigera *Burm.*
  Scarabaeus lan. *Linn.*
  Melolontha lan. *Fabr.*
puncticollis *Lec.*
granicollis *Hald.*

DYNASTINI.

Cyclocephala Latr.

immaculata *Burm.*
  Melolontha im. *Oliv.*
  Mel. nigrifrons *Panzer.*
longula *Lec.* n. sp.
seditiosa *Lec.* n. sp.
robusta *Lec.* n. sp.
nigricollis *Burm.* —
villosa *Burm.*
hirta *Lec.*
puberula *Lec.* n. sp.

Chalepus McLeay.

obsoletus *Lec.*
trachypygus *Burm.*

Ligyrus Burm.

morio *Lec.*
  Bothynus mor. *Lec.*
gibbosus *Lec.*
  Scarabaeus gibb. *De Geer.*
  Podalgus variolosus *Burm.*
  Lig. variolosus *Burm.*
  var. Both. obsoletus *Lec.*
juvencus *Burm.*
  ?Scarabaeus juv. *Oliv.*
  ?Geotrupes juv. *Fabr.*
  Podalgus juv. *Burm.*
  Both. neglectus *Lec.*
ruginasus *Lec.*
relictus *Lec.*
  Scarabaeus rel. *Say.*
  Heteronychus rel. *Burm.*
  Bothynus rel. *Lec.*

Aphonus Lec.

pyriformis *Lec.*
  Bothynus pyr. *Lec.*
tridentatus *Lec.*
  Scarabaeus trid. *Say.*
  Bothynus trid. *Lec.*
frater *Lec.*
hydropicus *Lec.*
  Both. variolosus? *Lec.*
castaneus *Lec.*
  Bothynus cast. *Mels.*
  Podalgus obesus *Burm.*
rotundalis *Lec.*

Polymoechus Lec.

brevipes *Lec.*

Xyloryctes Hope.

satyrus *Burm.*
  Geotrupes sat. *Fabr.*
  Scarabaeus sat. *Ol.*
  Sc. naricornis amer. *Beauv.*

Strategus Hope.

antaeus *Burm.*
  Geotrupes ant. *Fabr.*
  ♂ Scarab. hamili *Beauv.*
mormon *Burm.*
julianus *Burm.*
splendens *Lec.*
  Scarabaeus spl. *Beauv.*

Dynastes Kirby.

tityus *Hope.*
  Scarabaeus tit. *Linn.*
  Geotrupes tit. *Fabr.*
  ♀ Scar. marianus *Linn.*
  Sc. pensylvanicus *De Geer.*

Megasoma Kirby.

thersites *Lec.*

Phileurus Latr.

vitulus *Lec.* n. sp.
truncatus *Burm.*
  Scarabaeus tr. *Beauv.*
valgus *Lec.*
  Geotrupes valg. *Fabr.*
  Ph. castaneus *Hald.*
illatus *Lec.*
cribrosus *Lec.*

CETONIINI.

Allorhina Burm.

§ Cotinis Burm.

mutabilis *Lec.*
  Gymnetis mut. *Gory.*
nitida *Lec.*
  Scarabaeus nit. *Linn.*
  Cetonia nit. *Fabr.*
  Gymnetis nit. *McL.*

Gymnetis McLeay.

sallei *Schaum.*
  [illegible] *Burm.*
cretacea *Lec.* n. sp.

Euryomia Burm.

§ Euryomia Burm.

fascifera *Lec.*
melancholica *Lec.*
  Cetonia mel. *Gory.*
  Euphoria mel. *Schaum.*
sepulchralis *Lec.*
  Cetonia sep. *Fabr.*
  Cet. lurida? *Oliv.*
  Cet. areata *Gory.*
  Euphoria sep. *Burm.*
basalis *Lec.*
  Cetonia bas. *Gory.*
canescens *Lec.*
  Cetonia can. *Burm.*
dimidiata *Lec.*
  Cetonia dim. *Gory.*
vestita *Lec.*
  Cetonia vest. *Say.*
hornii *Lec.*
  Euphoria cornii *Hald.*
  Erirhipis hornii *Lec.*
  var. Er. clarkii *Lec.*

§ Euphoria Burm.

inda *Lec.*
  Scarabaeus indus *Linn.*
  Cetonia inda *Oliv.*
  Trichius indus *Fabr.*
  Cet. marylandica *Fröhl.*
  Cet. barbata *Say.*
  Cet. brunnea *Gory.*

schottii *Lec.*
Erirhipis sch. *Lec.*
herbacea *Lec.*
Cetonia herb. *Oliv.*
Cet. pubera *Schönh.*
Cet. autumnalis *Gory.*
Euphoria herb. *Sch.*
Erirhipis pub. *Burm.*
californica *Lec.* n. sp.
fulgida *Lec.*
Cetonia fulg. *Fabr.*
Erirhipis fulg. *Burm.*

§ Stephanucha Burm.

areata *Lec.*
Cetonia ar. *Fabr.*
Stephanucha ar. *Burm.*

Cremastochilus Kn.

§ Psilocnemis Burm.

leucostictus (*Burm.*) —
politus *Schaum.*
planatus *Lec.* n. sp.
saucius *Lec.*
nitens *Lec.*
schaumii *Lec.*
angularis *Lec.*
knochii *Lec.*

§

variolosus *Kirby.*
sayi *Harris.*
mexicanus] *Gory.*
squamulosus *Lec.*

§

canaliculatus *Kirby.*
hentzii *Harris.*
castaneus *Burm.*
castaneae *Knoch.*
harrisii *Kirby.*

Osmoderma Lep.

eremicola *Dej.*
Cetonia er. *Knoch.*
Trichius er. *Say.*
scabra *Dej.*
Trichius sc. *Beauv.*
♂ Gymnodus foveatus *Kirby.*
♀ Gymnod. rugosus *Kirby.*

Gnorimus Lep.

maculosus *Burm.*
Cetonia mac. *Knoch.*
Trichius mac. *Schönh.*
Trich. bigsbii *Kirby.*
Gn. dimidiatus *Gory.*

Trichius Fabr.

piger *Fabr.*
drummondi *Gory.*
rotundicollis *Kirby.*
bibens *Fabr.*
Cetonia bibens *Oliv.*
viridulus *Fabr.*
Cetonia vir. *Oliv.*
bibens] *Burm.*
var. Tr. lunulatus *Fabr.*
affinis *Gory.*
assimilis *Kirby.*
bistriga *Newm.*
var. viridans *Kirby.*
bibens var.] *Burm.*

§ Trigonopeltastes Burm.

delta *Fabr.*
Scarabaeus delta *Forster.*
Cetonia delta *Oliv.*

Valgus Scriba.

canaliculatus *Gory.*
Trichius can. *Fabr.*
Cetonia can. *Oliv.*
Trich. variegatus *Burm.*
squamiger *Gory.*
Trichius sq. *Beauv.*
Tr. seticollis *Beauv.*

BUPRESTIDAE.

BUPRESTINI.

Gyascutus Lec.

planicosta *Lec.*
Chalcophora pl. *Lec.*
obliteratus *Lec.*
Chalcophora obl. *Lec.*
caelatus *Lec.*
Chalcophora cael. *Lec.*
sphenicus *Lec.*
Buprestis sph. *Lec.*

Chalcophora Sol.

angulicollis *Lec.*
Buprestis ang. *Lec.*
Chalc. oregonensis *Fitch.*
lacustris *Lec.*
virginiensis *Lec.*
Buprestis virg. *Drury.*
Bup. virginica *Say.*
Bup. mariana *Linn.*
Ch. liberta var.] *Fitch.*
Ch. novaeboracensis *Fitch.*
georgiana *Lec.*
Buprestis georg. *Lec.*
Bup. liberta] *Lap.*
liberta *Fitch.*
Buprestis lib. *Germ.*
Bup. borealis *Lap.*
fortis *Lec.*
campestris *Lec.*
Buprestis camp. *Say.*
Bup. substrigosa *Lap.*
langeri *Chevr.* —

Psiloptera Sol.

webbii *Lec.*
woodhousei *Lec.*
Dicerca woodh. *Lec.*
var. Ps. valens *Lec.*

Dicerca Esch.

prolongata *Lec.*
divaricata *Lec.*
Buprestis div. *Say.*
Bup. acuminata] *Lap.*
Dic. dubia *Mels.*
Dic. aurichalcea *Mels.*
Dic. parumpunctata *Mels.*
caudata *Lec.*
?Apatura caud. *Lap.*
pugionata *Lec.*
Buprestis pug. *Germ.*
mutica *Lec.*
obscura *Lec.*
Buprestis obs. *Fabr.*
?Bup. pruinosa *Lap.*
baltimorensis *Lec.*
Buprestis balt. *Herbst.*
soror *Lec.*
lurida *Lec.*
Buprestis lur. *Fabr.*
Dic. indistincta *Mels.*
lepida *Lec.*
Bup. pugionata] *Lap.*
spreta *Lec.*
Buprestis spr. *Lap.*
Dic. mollitor *Mels.*
asperata *Lec.*
Buprestis asp. *Lap.*
Dic. impressifrons *Mels.*
?Bup. americana *Herbst.*
tenebrosa *Lec.*
B. (Stenuris) tene. *Kirby.*
hilaris *Lec.*
lugubris *Lec.*
chrysea *Mels.*
punctulata *Fitch.*
Buprestis punct. *Schönh.*
Bup. transversa *Say.*
manca *Lec.*
tuberculata *Fitch.*
Buprestis tub. *Lap.*
Bup. sobrina *Chevr.*
Dic. consobrina *Mels.*

lacustris *Lec.*
?B. (Stenuris) tenebrica *Kirby.*
bifoveata *Lec.*
crassicollis *Lec.*
pectorosa *Lec.*
lecontei *Gory.* —

Poecilonota Esch.

cyanipes *Lec.*
Buprestis cyan. *Say.*
erecta (*Gory.*) —
ferrea *Lec.*
Dicerca ferr. *Mels.*
thureura *Lec.*
Buprestis th. *Say.*
Bup. costicollis *Gory.*
debilis *Lec.*

Ancylochira Esch.

rufipes *Dej.*
Buprestis ruf. *Fabr.*
gibbsii *Lec.*
sexplagiata *Lec.*
langii *Lec.*
Bup. langii *Mann.*
fasciata *Dej.*
Buprestis fasc. *Fabr.*
Bup. 6-maculata *Herbst.*
confluens *Lec.*
Buprestis confl. *Say.*
lineata *Dej.*
Buprestis lin. *Fabr.*
var. B. maculipennis *Gory.*
B. inconstans *Mels.*
laeviventris *Lec.*
nuttalli *Lec.*
B. (Anoplis) nutt. *Kirby.*
consularis *Dej.*
Buprestis cons. *Gory.*
alternans *Lec.*
subornata *Lec.*
maculiventris *Lec.*
Buprestis mac. *Say.*
Bup. sexnotata *Lap.*
rusticorum *Lec.*
B. (Anoplis) rust. *Kirby.*
paganorum (*Kirby.*) —

‡

sulcicollis *Lec.*
striata *Lec.*
Buprestis str. *Fabr.*
Bup. impedita *Say.*
Bup. aurulenta] *Oliv.*
lauta *Lec.*
radians *Lec.*
adjecta *Lec.*

decora *Dej.*
Buprestis dec. *Oliv.*
Bup. salisburiensis *Weber.*
?Bup. aurulenta *Linn.*
ultramarina *Lec.*
Buprestis ultr. *Say.*
apricans *Lec.*
Buprestis apr. *Herbst.*
Bup. bosci *Lap.*

Cinyra Lap.

gracilipes *Lec.*
Dicerca gr. *Mels.*
erythropus *Gory.*
an sit Am. bor.?

Melanophila Esch.

miranda *Lec.*
Phaenops mir. *Lec.*
consputa *Lec.*
notata *Lec.*
Apatura not. *Lap.*
Mel. luteosignata *Ziegler.*
longipes *Gory.*
Buprestis long. *Say.*
Ap. appendiculata *Lap.*
Mel. immaculata *Gory.*
atropurpurea *Lec.*
Buprestis atr. *Say.*
opaca *Lec.*
drummondi *Lec.*
B. (Trachypteris) dr. *Kirby.*
Apatura dr. *Lap.*
Mel. guttulata] *Mann.*
fulvoguttata *Lec.*
Buprestis fulv. *Harris.*
Apatura 6-spilota *Lap.*
Ap. crucisignata *Lap.*
Ap. decolorata *Lap.*
gentilis *Lec.*
prasina] *Lec.*
aeneola *Mels.*
metallica *Mels.*

Anthaxia Esch.

expansa *Lec.*
foveicollis *Lec.*
strigata *Lec.*
?[illegible] *Lap.*
imperfecta *Lec.*
retifer *Lec.*
inornata *Lec.*
Buprestis in. *Randall.*
cyanella *Gory.*
scoriacea *Mels.*
subaenea *Lec.*
viridicornis] *Lap.*
viridicornis *Lec.*
Buprestis vir. *Say.*
viridifrons *Gory.*

quercata *Lap.*
Buprestis qu. *Fabr.*
B. viridicornis] var. *Say.*
cuneiformis *Gory.*
flavimana *Gory.*
gracilis *Mels.*
bivittata *Gory.* —

Chrysobothris Esch.

octocola *Lec.*
basalis *Lec.*
?atabalipa *Lap.*
exesa *Lec.*
femorata *Lec.*
Buprestis fem. *Fabr.*
α. **alabamae** *Gory.*
β. **quadrimpressa** *Lap.*
dentipes] *Lap.*
viridiceps *Mels.*
rugosiceps *Mels.*
soror *Lec.*
semisculpta *Lec.*
lesueuri *Lap.*
obscura *Lec.*
misella *Lec.*
quadrilineata *Lec.*
texana *Lec.*
calcarata *Mels.*
femorata] *Lap.*
planata *Lap.* (f. Deyrolle.).
cupreascens *Lec.*
contigua *Lec.*
dentipes *Lec.*
Buprestis dent. *Germ.*
B. characteristica *Harris.*
?Chr. planata *Lap.*
californica *Lec.*
vulcanica *Lec.*
trinervia *Lec.*
B. (Odontomus) trin. *Kirby.*
Chr. cicatricosa *Motsch.*
scabripennis *Lap.*
pusilla *Lap.*
strangulata *Mels.*
debilis *Lec.*
disjuncta *Lec.*
deleta *Lec.*
acuminata *Lec.*
gemmata *Lec.*
sexsignata *Lec.*
Bup. sexguttata] *Say.*
B. sexsignata *Say.*
Chr. germari *Lap.*
Chr. ignipes *Lap.*
analis *Lec.*
hybernata *Lec.*
Buprestis hyb. *Fabr.*
Chr. viridipunctata *Lap.*
?Chr. hybernata *Lap.*
Bup. chrysoelina *Ill.*

concinnula *Lec.*
azurea *Lec.*
ultramarina *Lap.*
harrisii *Lec.*
Buprestis harr. *Hentz.*
scitula *Gory.* —
chlorocephala *Gory.* —
aeneola *Lec.*
ulkei *Lec.*
nigrofasciata *Lec.*
nigritula *Lap.* —
errans *Gory.* —
floricola *Gory.* —
dissimilis *Gory.* —

Actenodes Lec.

bella *Lec.*
acornis *Lec.*
Buprestis ac. *Say.*
Chr. rugosula *Gory.*
Chr. punctata *Mels.*

Belionota Esch.

californica *Motsch.* —

THRINCOPYGINI.

Thrincopyge Lec.

alacris *Lec.*
ambiens *Lec.*
Buprestis amb. *Lec.*

JULODINI.

Polycesta Sol.

elata *Lec.*
cavata *Lec.*
californica *Lec.*
obtusa *Lec.*
velasco *Lap.*

Acmaeodera Esch.

flavomarginata *Gray.*
opacula *Lec.*
haemorrhoa *Lec.*
connexa *Lec.*
croceonotata *Gory.*
acuta *Lec.*
ornata *Lap.*
Buprestis orn. *Fabr.*
subbalteata *Lec.* n. sp.
comata *Lec.*
gibbula *Lec.*

pulchella *Lec.*
Buprestis pulch. *Herbst.*
?Bup. ornata *Oliv.*
Ac. ornata *Spin.*
Ac. [illegible] *Lap.*
Ac. flavosignata *Gory.*
?Ac. dispar *Gory.*
variegata *Lec.*
mixta *Lec.*
hepburnii *Lec.*
semivittata *Lec.*
retifera *Lec.*
tagana *Lec.*
tubulus *Lap.*?
Buprestis tub. *Fabr.*
Bup. culta *Weber.*
Bup. [illegible] *Harris.*
guttifera *Lec.*

Ptosima Sol.

luctuosa *Gory.*
Bupr. gibbicollis *Say.*
walshii *Lec.* n. sp.

Chrysophana Lec.

placida *Lec.*

HAPLOSTETHINI.

Haplostethus Lec.

subcyaneus *Lec.*

AGRILINI.

Coraebus Lap.

cogitans *Lec.*
Buprestis cog. *Weber.*
Agrilus cog. *Say.*
Bup. ignara *Fabr.*
Eumerus ign. *Lap.*
Rhaeboscelis cog. *Lec.*[1]

Rhaeboscelis Chevr.

tenuis *Lec.* n. sp.

Agrilus Sol.

fuscipennis *Gory.*
vittaticollis *Randall.* —
frenatus *Gory.*
arcuatus *Say.*
cupricollis *Gory.*
ruficollis *Say.*
Buprestis ruf. *Fabr.*
torquatus *Lec.*
fulgens *Lec.*

obliquus *Lec.*
defectus *Lec.*
otiosus *Say.*
?virens *Gory.*
pusillus *Say.*
difficilis *Gory.*
[illegible] *Uhler.*
bilineatus *Say.*
Buprestis bil. *Weber.*
Ag. bivittatus *Kirby.*
Ag. flavolineatus *Mann.*
Ag. aurolineatus *Gory.*
granulatus *Say.*
quadriguttatus *Gory.*
subfasciatus *Lec.*
fallax *Say.*
impressipennis *Uhler.*
semes *Gory.* —
interruptus *Lec.*
?obsoletoguttatus *Gory.*
subcinctus *Gory.*
latebrus *Lap.*
acutipennis *Mann.*
quadriimpressus *Ziegler.*
torpidus *Lec.*
anxius *Gory.*
gravis *Lec.*
plumbeus *Lec.*
muticus *Lec.*
macer *Lec.*
cupreolus *Lec.*
obolinus *Lec.*
politus *Say.*
desertus *Lec.*
puncticeps *Lec.*
?Bup. geminata *Say.*
?Agrilus gem. *Say.*
?Agr. nigricans *Gory.*
cephalicus *Lec.*
egenus *Gory.*
lacustris *Lec.*
lateralis *Say.* —
putillus *Say.* —

Taphrocerus Sol.

gracilis *Lec.*
Trachys grac. *Say.*
Aphanisticus gr. *Say.*
Br. alboguttata *Mann.*

Brachys Sol.

ovata *Lec.*
Buprestis ov. *Weber.*
Trachys tessellata *Fabr.*
Br. aerulenta *Kirby.*
Br. molesta *Gory.*
var. Br. tessellata *Lap.*

---

[1] *C. caliginosus* Lap. appears to be the European *C. rubi.*

lugubris *Lec.*
laevicauda *Lec.*
terminans *Lap.*
  Trachys term. *Fabr.*
  Br. aerosa *Mels.*
aeruginosa *Gory.*
carbonata *Lec.*

Metonius Say.

purpureus *Say.*
  Brachys purp. *Lec.*
  Br. americana *Gory.*
laevigatus *Lec.*
  Trachys ovata *Say.*
  Tr. laevigata *Say.*
  Met. ovatus *Say.*
  Br. punctata *Gory.*
  Br. laevigata *Lec.*

THROSCIDAE.

THROSCINI.

Throscus Latr.

calocerus *Bonv.* —
constrictor *Say.*
alienus *Bonv.*
  constrictor] *Bonv.*
punctatus *Bonv.*
chevrolati *Bonv.*
parvulus *Lec.*

DRAPETINI.

Drapetes Redt.

exstriatus *Lec.*
  Elater geminatus] *Say.*
  Elater extr. *Say.*
  Dr. geminatus *Bonv.* (syn. excl.)
quadripustulatus *Bonv.*
nitidus *Bonv.*
  Lissomus nit. *Mels.*
  ?Dr. niger *Bonv.*
rubricollis *Lec.* n. sp.
plagiatus —
  Lissomus plag. *Esch.*

ELATERIDAE.

EUCNEMIDAE.

MELASINI.

Melasis Oliv.

pectinicornis *Mels.*

Tharops Lap.

ruficornis *Lec.*
  Melasis rufic. *Say.*
  Eucn. (Nematodes) ruf. *Say.*
obliquus *Lec.*
  Eucnemis obl. *Say.*

EUCNEMINI.

Dendrocharis Guér.

flavicornis *Guér.*

Eucnemis Ahrens.

clypeatus *Say.*
  Elater clyp. *Say.*
amoenicornis *Say.*

Fornax Lap.

orchesides *Lec.*
  Onychodon orch. *Newm.*
bicolor *Lec.*
  Hylochares? bic. *Mels.*
badius *Lec.*
  Dirhagus bad. *Mels.*
rufipes *Lec.*
  Dirhagus ruf. *Mels.*
moniliicornis *Lec.*
  Eucnemis mon. *Mann.*
cylindricollis *Lec.*
  Eucnemis cyl. *Say.*
striatus *Lec.*
calceatus *Lec.*
  Eucnemis calc. *Say.*
  Isarthrus spretus *Lec.*
  Fornax spretus *Lec.*

Microrhagus Esch.

imperfectus *Lec.*
subsinuatus *Lec.*
  Eucn. triangularis] *Harris.*
triangularis *Lec.*
  Elater triang. *Say.*
  Eucnemis triang. *Say.*
humeralis *Lec.*
  Eucnemis hum. *Lec.*

Phlegon Lap.

heterocerus *Lec.*
  Eucnemis het. *Say.*
  Euryptychus het. *Lec.*

Epiphanis Esch.

cornutus *Esch.*
  cristatus *Lec.*

Nematodes Latr.

atropos *Lec.*
  Eucnemis atr. *Say.*
  Emathion atr. *Lec.*
penetrans *Lec.*
  Emathion pen. *Lec.*
frontosus *Lec.*
  Eucnemis front. *Say.*
  Epiph. canaliculatus *Lec.*
? subrufus. —
  El. (Euc.) subr. *Randall.*

Hylochares Latr.

nigricornis *Lec.*
  Melasis nigr. *Say.*

Anelastes Kirby.

drurii *Kirby.*
  Silenus brunneus *Latr.*
  ? Elater ornatus *Say.*
latreillei *Lec.*

CEROPHYTIDAE.

CEROPHYTINI.

Cerophytum Latr.

pulsator *Hald.*
  Cherops puls. *Hald.*

PEROTHOPINI.

Perothops Er.

mucidus *Er.*
  Elater muc. *Schupp.*
  Eucnemis muc. *Say.*
  Elater unicolor *Say.*
  Eucnemis un. *Say.*
witticki *Lec.*

ELATERIDAE (genuini).

AGRYPNINI.

Agrypnus Esch.

sallei *Lec.*
schottii *Lec.*

Adelocera Latr.

avita *Lec.*
  Elater av. *Say.*
impressicollis *Lec.*
  Elater imp. *Say.*
  El. lepidurus? *Say.*
  Ad. similis *Germ.*

pennata *Germ.*
Elater pen. *Fabr.*
El. discoideus *Weber.*
El. cruentus *Oliv.*
aurorata *Lec.*
Elater aur. *Say.*
roralenta *Lec.*
marmorata *Germ.*
Elater marm. *Fabr.*
obtecta *Lec.*
Elater obtectus *Say.*
cavicollis *Lec.*
profusa *Cand.* —
brevicornis *Lec.*

Lacon Germ.

mucoreus *Lec.*
Adelocera muc. *Lec.*
curtus *Lec.*
Adelocera curt. *Lec.*
rectangularis *Lec.*
Elater rect. *Say.*
Adelocera rect. *Lec.*

CHALCOLEPIDIINI.

Chalcolepidius Esch.

rubripennis *Lec.*
webbii *Lec.*
smaragdinus *Lec.*
viridipilis *Lec.*
Elater vir. *Lec.*
?Chalch. prasinus *Er.*

Alaus Esch.

gorgops *Lec.*
oculatus *Esch.*
Elater oc. *Linn.*
myops *Esch.*
Elater myops *Fabr.*
El. lusus? *Ol.*
melanops *Lec.* n. sp.

HEMIRHIPINI.

Hemirhipus Latr.

fascicularis *Germ.*
Elater fasc. *Fabr.*

ELATERINI.

Cardiophorus Esch.

amictus *Mels.*
erythropus? *Lec.*
?El. convexus *Say.*
erythropus *Er.*
caudex *Lec.*
insulsus *Cand.*
?fllius. —
Elater fl. *Randall.*
cardisce *Lec.*
Elater card. *Say.*
var. C. convexus? *Er.*
fenestratus *Lec.*
longulus *Cand.*
dejeanii *Lec.*
tumidicollis *Lec.*
convexulus *Lec.*
gagates *Er.*
longior *Lec.*
luridipes *Cand.*
fulvipes *Lec.*
tenebrosus *Lec.*
obscurus *Lec.*
amplicollis *Motsch.* —
latiusculus *Esch.*
laevicollis *Er.*
robustus *Lec.*

Horistonotus Cand.

sufflatus *Cand.*
Cardiophorus suff. *Lec.*
inanus *Cand.*
Cardiophorus in. *Lec.*
transfugus *Cand.*
Cardiophorus transf. *Lec.*
curiatus *Cand.*
Elater cur. *Say.*
Cardiophorus cur. *Lec.*
Card. areolatus? *Er.*
simplex *Lec.* n. sp.
densus *Lec.* n. sp.

Esthesopus Esch.

claricollis *Lec.*
Elater clar. *Say.*
humilis *Cand.*

Cryptohypnus Esch.

squalidus *Lec.*
planatus *Lec.* n. sp.
funebris *Cand.*
hyperboreus *Gyll.*
grandicollis *Lec.* n. sp.
littoralis *Dej.*
Hypolithus litt. *Esch.*
nocturnus *Esch.*
impressicollis *Mann.*
abbreviatus *Lec.*
Elater abbr. *Say.*
Cr. dilaceipes *Germ.*
lacustris *Lec.*
failax *Mann.*
vestitus *Mann.* —
limbatus *Mann.*
bicolor *Germ.*
Hypolithus bic. *Esch.*
Cr. pectoralis? *Lec.*
scarificatus *Mann.*
lucidulus *Mann.*
restrictulus *Mann.* —
musculus *Mann.*
Elater musc. *Esch.*
tumescens *Lec.*
striatulus *Lec.*
guttatulus *Mels.*
choris *Lec.*
Elater ch. *Say.*
pulchellus *Dej.*
Elater pulch. *Linn.*
Cr. exiguus *Rand.* [tim.)
El. guttatulus *Mels.* (par.
ornatus *Lec.*
pectoralis *Lec.*
Elater pect. *Say.*
obliquatulus *Mels.*
inops *Lec.*
futilis *Lec.*

Oedostethus Lec.

femoralis *Lec.*

Blauta Lec.

cribraria *Cand.*
Elater cr. *Germ.*
El. caus *Lec.*

Elater Linn.

rubricollis *Herbst.*
El. verticinus *Beauv.*
Ampedus rubr. *Germ.*
nigricollis *Herbst.*
Ampedus nigr. *Germ.*
semivittatus *Say.*
linteus *Say.*
Ampedus lugubris *Germ.*
discoideus *Fabr.*
Ampedus disc. *Germ.*
semicinctus *Randall.*
laetus *Lec.*
sayi *Lec.*
obliquus *Say.*
discoideus *Say.*
militaris *Harris.*
villosus *Lec.*
dimidiatus *Lec.*
apicatus *Say.*
Amp. melanopygus *Germ.*
cordifer *Lec.*
lecontei *Cand.*
phoenicopterus *Lec.*
Ampedus phoen. *Germ.*

xanthomus *Lec.*
Ampedus xanth. *Germ.*
El. humeralis *Mels.*
luctuosus *Lec.*
socer *Lec.*
impolitus *Mels.*
hepaticus *Mels.*
rhodopus *Lec.*
umbricola, *Motsch.*
manipularis *Cand.*
molestus *Lec.*
fuscatus *Mels.*
nigricans *Lec.*
Ampedus nigr. *Germ.*
El. testaceipes *Mels.*
pedalis *Cand.*
Ampedus ped. *Germ.*
El. areolus *Mels.*
carbonicolor *Mann.*
nigrinus *Payk.*
lacustris *Lec.*
fusculus *Lec.*
deletus *Lec.*
pullus *Cand.*
Ampedus pull. *Germ.*
mixtus *Herbst.*
miniipennis *Lec.*
sanguinipennis *Say.*
Ampedus sang. *Germ.*
palans *Lec.*
collaris *Say.*
El. thoracicus? *Herbst.*
Ampedus coll. *Germ.*
rubricus *Say.*
Ampedus cunc. *Germ.*
obliquus *Say.*
Amp. scitulus *Germ.*
var. El. areolatus *Say.*
pusio *Cand.*
Ampedus pus. *Germ.*
El. luteolus *Lec.*
protervus *Lec.*
?flavilis *Randall.* —
?macilentus *Randall.* —
?limbatus *Say.* —[1]

Drasterius Esch.

dorsalis *Lec.*
Elater dors. *Say.*
Monocrepidius dors. *Lec.*
Aeolus dors. *Cand.*
elegans *Lec.*
Elater elegans *Fabr.*
Aeolus elegans *Cand.*
El. circumscriptus *Germ.*
Mon. circumscriptus *Lec.*

rufulus. —
Aeolus ruf. *Cand.*
amabilis *Lec.*
Monocrepidius am. *Lec.*
simplicius *Cand.* —
comis *Cand.*
Monocrepidius com. *Lec.*
livens *Cand.*
Monocrepidius liv. *Lec.*

Megapenthes Cand.

granulosus *Cand.*
Ectinus gran. *Mels.*
El. stereus? *Lec.*
turbulentus *Cand.*
Elater turb. *Lec.*
rufilabris *Cand.*
Elater ruf. *Germ.*
stigmosus *Cand.*
Elater stigm. *Lec.*
var. El. caprella *Lec.*
limbalis *Lec.*
Elater limb. *Herbst.*

Crepidotritus Lec.

cinereipennis *Lec.*
Cryptohypnus cin. *Mann.*
Anchastus recedens *Lec.*
Mon. hirsutulus *Motsch.*
Mon. piliferus *Motsch.*
puberulus *Lec.*
Cryptohypnus pub. *Mann.*
tantillus. —
Cardiophorus tant. *Mann.*
regularis (*Motsch.*) —

Brachycrepis Lec.

bicarinatus *Lec.*
?binus *Lec.*
Elater binus *Say.*

Anchastus Lec.

digitatus *Lec.*
rufus *Candèze.* —
signaticollis *Cand.* —
Ampedus sign. *Germ.*

Tricrepidius Motsch.

trianguliollis *Motsch.*

Monocrepidius Esch.

nyeticus *Candèze.*

lividus *Dej.*
Elater lividus *Degeer.*
El. castanipes *Herbst.*
El. elongatus *Beauv.*
El. lobatus *Say.*
Monocr. lob. *Germ.*
aversus *Lec.*
suturalis *Lec.*
lepidus *Lec.*
?El. bicolor *Say.*
texanus *Candèze.*
vespertinus *Dej.*
Elater vesp. *Fabr.*
El. fasciatus *Germ.*
Mon. auritus *Germ.*
athoides *Lec.* n. sp.
sordidus *Lec.*
auritus *Germ.*
Elater aur. *Herbst.*
Oxygon. crassicollis *Mels.*
bellus *Lec.*
Elater bell. *Say.*
Cryptohypnus bell. *Germ.*
blandulus *Lec.*

Dicrepidius Esch.

ramicornis *Germ.*
Elater ram. *Beauv.*
corvinus *Cand.*
palmatus *Cand.* —

Ischiodontus Cand.

ferreus *Cand.*
Dicrepidius ferr. *Lec.*
soleatus *Cand.*
Elater sol. *Say.*
Dicrepidius sol. *Lec.*
simplex *Cand.*
Dicrepidius simpl. *Lec.*
oblitus *Candèze.*
approximatus *Cand.*

Ludius Latr.

abruptus *Lec.*
Elater abr. *Say.*
Lud. cornelius *Germ.*
attenuatus *Lec.*
Elater att. *Say.*
tartareus *Lec.*
Elater tart. *Lec.*
Dolopiosomus aterrimus [*Motsch.*

Orthostethus Lac.

infuscatus *Lac.*
Aphanobius infusc. *Germ.*
Pristil. sordidus *Mels.*

[1] The following species are irrecognizable: *Elater fuscipes* Fabr.; *rufipes* Beauv.; *hepaticus* Herbst.; *sordidulus* Herbst; *erythropus* Say.

Crigmus Lec.

hepaticus Lec.
  Elater hep. Germ.
  Aphanobius hep. Germ.
texanus Lec.

Agriotes Esch.

mancus Lec.
  Elater manc. Say.
  El. (Agr.) obesus [Harris.
  Agr. truncatus Mels.
  Agr. striatulus Mels.
pubescens Mels.
fucosus Lec.
  var. collaris Lec.
ferrugineipennis Lec.
sordidus Lec.
stabilis Lec.
limosus Lec.
avulsus Lec.
opaculus Lec.
oblongicollis Lec.
  Dolopius obl. Mels.
  var. Dol. imbellinus Mels.

Dolopius Esch.

macer Lec.
pauper Lec.
subustus Lec.
sericatus Motsch.
californicus Mann. —
  lateralis Esch.
pilatus Mann. —
simplex Motsch. —

Betarmon Kiesw.

bigeminatus Lec.
  Elater big. Randall.
  Dolopius big. Lec.

Adrastus Esch.

recticollis Lec.
  Elater rect. Say.
  Adr. pusillus Er.
testaceus Mels.
quietus. —
  Elater qu. Say.
inquinatus. —
  Elater inq. Say.

Melanotus Esch.[1]

corticinus Lec.
  Elater cort. Say.
  Cratonychus cort. Lec.
longulus (Lec.)
macer (Lec.)
cuneatus (Lec.)
incertus (Lec.)
decumanus (Er.)
canadensis Cand. —
despectus Cand. —
clandestinus (Er.)
secretus (Lec.)
ignobilis (Mels.)
depressus Lec.
  Ctenonychus depr. Mels.
  Cratonychus depr. Lec.
angustatus (Er.)
  Ctenonych. testaceus Mels.
trapezoideus (Lec.)
taeniicollis (Lec.)
leonardi (Lec.)
scrobicollis (Lec.)
tomarus Cand. —
castanipes Kiesw.
  Elater cast. Payk.
  Perimecus fulvipes Kirby.
  Cr. inaequalis Lec.
glandicolor Mels.
fissilis Lec.
  El. cinereus [(fem.) Say.
  El. (Mel.) cinereus [Harr.
  Crat. laticollis Er.
  ?El. brevicollis Herbst.
  Crat. ochraceipennis Mels.
  Crat. sphenoidalis Mels.
communis Harris.
  Elater comm. Gyll.
  Perimecus comm. Kirby.
  Crat. communis Er.
  Elater cinereus Weber.
  Cr. spadix Er.
exuberans (Lec.)
parumpunctatus (Mels.)
effetus Cand. —
verberans (Lec.)
emissus (Lec.)
infaustus (Lec.)
cribulosus (Lec.)
cribricollis Cand. —
paganus Cand. —
pertinax Lec.
  Elater pert. Say.
  Cratonychus pert. Lec.
dubius (Lec.)
tenax Lec.
  Elater tenax Say.
  Cratonychus ten. Lec.
americanus Lec.
  Elater am. Herbst.
  Cratonychus am. Er.
insipiens Lec.
  Elater ins. Say.
  Cratonychus ins. Lec.
tenellus (Er.)
variolatus Lec.
oregonensis (Lec.)
morosus Cand.
  Craton. longulus Lec.[2]
sagittarius (Lec.)
paradoxus Mels.
  an rite Am. Bor.?
abdominalis (Er.) —
vetulus (Er.) —
similis. —
  Perimecus sim. Kirby.

Limonius Esch.

auripilis Lec.
  Elater aur. Say.
pubicollis Lec.
fulvipilis Cand.
mirus Lec.
discoideus Lec.
aurifer Lec.
stigma Dej.
  Elater st. Herbst.
  El. armus Say.
  Gambrinus arm. Lec.
griseus Cand.
  Elater gr. Beauv.
  El. cylindriformis [Say.
  Lim. hirticollis Mels.
confusus Lec.
plebejus Lec.
  Elater pleb. Lec.
  Lim. metallescens Mels.
aeruginosus Lec.
occidentalis Cand.
  infuscatus Motsch.
aeger Lec.
quercinus Dej.
  Elater qu. Say.
ornatulus Lec.
humeralis Cand. —
basillaris Lec.
  Elater bas. Say.
semiaeneus Lec.
subauratus Lec.
pilosus Lec.
clypeatus Motsch. —
mandibularis Motsch. —
subcostatus Motsch. —
californicus Cand.
  Cardiophorus cal. Mann.
  Lim. hispidus Lec.

---

[1] The authorities in parenthesis have described the species under the more recent generic name of Cratonychus. They have all been referred to Melanotus by Lacordaire.
[2] Tr. Am. Phil. Soc., x. 488.

angulatus *Motsch.* —
cagus *Lec.*
propenus *Cand.*
anceps *Lec.*
ectypus *Lec.*
  Elater ectypus *Say.*
agonus *Lec.*
  Elater ag. *Say.*
ornatipennis *Lec.* n. sp.
definitus *Ziegler.*
infernus *Lec.*
maculicollis *Motsch.* —

Campylus Fischer.

productus *Randall.*
denticornis *Kirby.*
  farinosus *Mels.*
fulvus *Motsch.* —
variabilis *Mann.* —

Pityobius Lec.

anguinus *Lec.*
murrayi *Lec.*

Athous Esch.

brightwellii *Cand.*
  Pedetes bright. *Kirby.*
  Ath. oblongicollis *Mels.*
  Ath. erosicollis *Mels.*
acanthus *Cand.*
  Elater ac. *Say.*
  Pedetes ac. *Lec.*
opilinus *Cand.*
maculicollis *Lec.* n. sp.
cucullatus *Cand.*
  El. cucull. *Say.*
  Ath. hypoleucus *Mels.*
  Ath. procericollis *Mels.*
  Ath. strigatus *Mels.*
ferruginosus *Esch.*
excavatus. —
  Pedetes exc. *Motsch.*
fossularis *Cand.*
  Pedetes foss. *Lec.*
nigripilis *Motsch.*
scapularis *Cand.*
  Elater sc. *Say.*
  Pedetes sc. *Lec.*
equestris *Cand.*
  Pedetes eq. *Lec.*
rufiventris *Mann.* —
  Elater ruf. *Esch.*
posticus *Mels.*
rufifrons *Lec.*
  Elater ruf. *Randall.*
reflexus *Lec.*

sciurus *Lec.*
vittiger *Lec.*
triundulatus *Mann.* —
discalceatus *Lec.*
  El. disc. *Say.*
bicolor *Lec.*[1]

Blauta Lec.

quadricollis *Lec.*
  Eucnemis quadr. *Say.*

Oestodes Lec.

tenuicollis *Lec.*
  Elater ten. *Randall.*
graciliformis *Lec.*
  Elater grac. *Randall.*

Eanus Lec.

vagus *Lec.*
  Limonius vagus *Lec.*
estriatus *Lec.*
  Limonius estr. *Lec.*
maculipennis *Lec.* n. sp.

Nothodes Lec.

dubitans *Lec.*
  Limonius dub. *Lec.*

Sericosomus Esch.

§ Atractopterus *Lec.*

fusiformis *Lec.*
  ? El. bomvicus *Randall.*
incongruus *Lec.*
viridanus *Lec.*
  Elater virid. *Say.*
  El. sabulosus *Randall.*
silaceus *Lec.*
  Elater sil. *Say.*
  ♂ Atr. umbraticus *Lec.*
debilis *Lec.*
flavipennis *Lec.*
  Dolerosomus flav. *Motsch.*
humeralis (*Motsch.*) —

Oxygonus Lec.

obesus *Lec.*
  Elater ob. *Say.*
  El. scutipennis *Randall.*
  Diacanthus scut. *Germ.*
  Corymbites scut. *Lec.*

Corymbites Latr.

hamatus *Lec.*
  Elater ham. *Say.*

medianus *Lec.*
  Diacanthus med. *Germ.*
  Cor. nebulipennis *Lec.*
propola *Lec.*
triundulatus *Lec.*
  Elater triund. *Randall.*
furcifer *Lec.*
hieroglyphicus *Lec.*
  Elater hier. *Say.*
nubilus *Lec.*
sericornis. —
  Diacanthus ser. *Mann.*
ochreipennis *Lec.* n. sp.
confusus *Lec.*
  Elater conf. *Gebler.*
  Diacanthus conf. *Mann.*
sericeus *Lec.*
  Elater ser. *Fischer.*
  Ludius ser. *Kirb.*
  Diacanthus ser. *Germ.*
bombycinus *Lec.*
  Diacanthus bomb. *Germ.*
  Cor. semilitaneus *Lec.*
fallax *Lec.*
  Elater fall. *Say.*
fuscatus *Lec.*
  Prist. sagittalus *Motsch.*
oblongoguttatus. —
  Prosternon obl. *Motsch.*
nitidulus *Lec.*
  ? Diac. submetallicus *Germ.*
aratus *Lec.*
splendens *Ziegler.*
  ? Diac. corporatus *Germ.*
tinctus *Lec.*
  an seq. gen.?
aeripennis *Lec.*
  El. (Aphotistus) aer. *Kirby.*
  El. appropinquans *Rand.*
smithleyi *Lec.*
carbo *Lec.*
lateralis *Lec.*
conjungens *Lec.*
pulcher *Lec.*
festivus *Lec.*
appressus *Lec.*
  Elater appr. *Randall.*
decoratus. —
  Diacanthus dec. *Mann.*
parvicollis. —
  Diacanthus parv. *Mann.*
glaucus *Lec.*
  Diacanthus gl. *Germ.*
  Ludr. similimus *Motsch.*
inflatus *Lec.*
  Elater infl. *Say.*
  Diacanthus infl. *Germ.*
cruentus *Lec.*

[1] *Athous trivittatus* Mels. is the European *A. villosus.*

divaricatus *Lec.*
rotundicollis *Lec.*
  Elater rot. *Say.*
  var. Diac. rusticollis *Germ.*
sticticus. —
  Diacanthus stict. *Germ.*
leucaspis. —
  Diacanthus leuc. *Germ.*
sulcicollis *Lec.*
  El. parallelus? *Say.*
  Elater sulc. *Say.*
aerarius *Lec.*
  Elater aer. *Randall.*
  El. (Diac.) resinus *Chevr.*
resplendens *Esch.*
gracilior *Lec.*
  nobilipennis *Lec.*
furtivus *Lec.*
atropurpureus *Mels.* —
cylindriformis *Germ.*
  Elater cylind. *Herbst.*
  El. appropinquans *Say.*
  ♀ El. brevicornis *Say.*
  C. parallelopipedus *Germ.*
obscurus *Lec.*
cribrosus *Lec.*
  Pristilophus subcanaliculatus *Motsch.*
morulus *Lec.* n. sp.
signaticollis *Lec.*
  Diacanthus? sign. *Mels.*
trivittatus *Lec.*
colossus *Lec.* [*Motsch.*
  ♂ Lud. serraticornis
aethiops *Lec.*
  Elater aeth. *Herbst.*
  Pristilophus aeth. *Germ.*
maurus *Lec.*
vernalis *Germ.*
  Elater vern. *Hentz.*
kendalli *Germ.*
  Ctenicerus kend. *Kirby.*
  El. [illegible] *Randall.*
cuprascens *Lec.*
viridis *Lec.*
  Elater viridis *Say.*
  Cor. micans *Germ.*
anthrax *Lec.*
vulneratus *Lec.* n. sp.
tarsalis *Lec.*
  Athous tars. *Mels.*
caricinus *Esch.*
  telum *Lec.*
lobatus *Esch.*
volitans *Esch.*
spinosus *Lec.*
spectabilis *Mann.* —
umbricola *Esch.*
  rudis *Motsch.*
rupestris *Germ.* —

angusticollis *Mann.*
pyrrhos *Lec.*
  Elater pyrrh. *Herbst.*
  ♀ Athous pyrrhicus *Hald.*
  Ath. vagrans *Mels.*
  Ath. aequalis *Mels.*
bivittatus *Lec.*
  Campylus biv. *Mels.*
jaculus *Lec.*
protractus *Lec.*
rufipes *Motsch.* —
fulvipes *Mann.*
sagitticollis *Lec.*
  Pristilophus sag. *Esch.*
insidiosus *Lec.*
falsificus *Lec.*
mendax *Lec.*
angularis *Lec.*
diversicolor. —
  Ludius div. *Esch.*
  Diacanthus div. *Mann.*

Asaphes Kirby.

hemipodus *Lec.*
  Elater hem. *Say.*
carbonatus *Lec.*
morio *Lec.*
dilaticollis *Motsch.* —
memnonius *Lec.*
  Elater memn. *Herbst.*
  Prolates rufifemoralis *Kirby.*
baridius *Lec.*
  Elater bar. *Say.* [*Germ.*
  Hemicrepidius thomasi
aereus *Lec.*
  ♀ Athous aer. *Mels.*
  ♂ Ath. [illegible] *Mels.*
decoloratus *Lec.*
  Elater dec. *Say.*
tumescens *Lec.*
indistinctus *Lec.*
oregonus *Lec.*
melanophthalmus *Lec.*
  Athous mel. *Mels.*
tener *Lec.*
  an praec. ♂?
[illegible] *Lec.*
  an seq. ♂?
bilobatus *Lec.*
  Elater bil. *Say.*
planatus *Lec.*
cavifrons *Lec.*
  Athous cav. *Mels.*

Pyrophorus Ill.

physoderus *Germ.*

Melanactes Lec.

procerus *Lec.*
piceus *Lec.*
  Elater piceus *De Geer.*
  El. laevigatus *Fabr.*
  El. morio *Say.* (var.)
  Pristilophus laev. *Germ.*
  Pris. femoralis *Mels.*
densus *Lec.*
morio *Lec.*
  Elater morio *Fabr.*
  El. lacunosus *Fabr.*
  Pristilophus morio *Germ.*
puncticollis *Lec.*
  Pristilophus punct. *Lec.*
consors *Lec.*
reichei *Lec.*
  Pristilophus reichei *Germ.*

PLASTOCERINI.

Aphricus Lec.

californicus *Lec.*

Aplastus Lec.

speratus *Lec.*
optatus *Lec.*

Plastocerus Lec.

schaumii *Lec.*
frater *Lec.*

Euthysanius Lec.

lautus *Lec.*
pretiosus *Lec.* n. sp.

CEBRIONIDAE.

Anachilus Lec.

mandibularis *Lec.* n. sp.

Cebrio Fabr.

bicolor *Fabr.*
  [illegible] bic. *Latr.*
simplex *Lec.*
confusus *Lec.*

Scaptolenus Lec.

femoralis *Lec.*
  Cebrio fem. *Chevr.*

RHIPICERIDAE.[1]

ZENOINI.

Zenoa Say.

picea *Lec.*
Melasis pic. *Beauv.*
Z. brunnea *Say.*
var. Z. vulnerata *Lec.*

RHIPICERINI.

Sandalus Knoch.

niger *Knoch.* (♀).
knochii *Guér.* (♂ ♀).
rubidus *Mels.* (♂).
californicus *Lec.*
petrophya *Knoch.*
Rhipic. fulva *Lep.*
R. proserpina *Newm.*
var. brevicollis *Mels.*
scabricollis *Hald.*

SCHIZOPODIDAE.

Schizopus Lec.

laetus *Lec.*

DASCYLLIDAE.

DASCYLLIDAE (genuini).

MACROPOGONINI.

Macropogon Motsch.

piceus *Lec.*

Eurypogon Motsch.

niger *Motsch.*
Ochina nigra *Mels.*
Selerodes harrisii *Westw.*

DASCYLLINI.

Stenocolus Lec.

scutellaris *Lec.*

Anchytarsus Guér.

ater *Guér.*
Elodes debilis *Ziegler.*
Atopa bicolor *Mels.*

Odontonyx Guér.

trivittis *Schaum.*
Dascyles triv. *Germ.*
Od. ornata *Guér.*

Dascyllus Latr.[2]

melanophthalmus *Guér.*—
davidsonii *Lec.*

Anorus Lec.

piceus *Lec.*

CYPHONIDAE.

EUBRIINI.

Ectopria Lec.

thoracica *Lec.*
Eubria thorac. *Ziegler.*
nervosa *Lec.*
Eubria nerv. *Mels.* (♀).
Eurea nerv. *Lec.* (♀).
Ect. tibialis *Lec.* (♂).
tarsalis *Lec.*
an praec. var.?

CYPHONINI.[3]

Cyphon Fabr.

pallipes *Lec.*
fusciceps *Kirby.*
piceus *Lec.*
punctatus *Lec.*
nebulosus *Lec.*
modestus *Lec.*
pusillus *Lec.*
obscurus (*Guér.*)—
collaris *Lec.*
Helodes coll. *Guér.*
bicolor *Lec.*
concinnus *Lec.*[4]
Helodes conc. *Lec.*

§ Hemiptychon Lec.

ruficollis *Lec.*
Lampyris ruf. *Say.*
Elodes fragilis *Ziegler.*
var. E. marginicollis *Guér.*
var. E. oblonga *Guér.*

Prionocyphon Redt.

discoideus *Lec.*
Cyphon disc. *Say.*
Elodes disc. *Guér.*
limbatus *Lec.* n. sp.

Helodes Latr.

apicalis *Lec.* n. sp.

§ Sacodes Lec.

pulchella *Guér.*
fuscipennis *Guér.*
Nycteus? thoracicus *Mels.*
thoracica *Guér.*

§ Microcara Thomson.

explanata *Lec.* n. sp.
? **brevicollis** *Lec.* n. sp.

Scirtes Illiger.

tibialis *Guér.*
solstitialis *Mels.*
californicus *Motsch.*—
orbiculatus *Guér.*
Cyphon orb. *Fabr.*
Altica centralis *Say.*
S. suturalis] *Ziegl.*
S. lateralis *Lec.*
var. S. suturalis *Guérin.*

EUCINETINI.

Eucinetus Germar.

oviformis *Lec.* n. sp.
infumatus *Lec.*
terminalis *Lec.*
morio *Lec.*
testaceus *Lec.* n. sp.

PTILODACTYLINI.

Ptilodactyla Latr.

serricollis *Lec.*
Ptilinus serri. *Say.*
Atopa fusca *Mels.*
elaterina *Guér.*

---

[1] The genus Sarcia [?] Leach (Zool. Journ. I, 39), is not recognizable, nor can any of the five species, picea, punctata, obtusa, glabra, minuta be identified.

[2] flavellus ert. etc.

[3] Scirtini Lec.

[4] The European species C. variabilis, and C. coarctatus are mentioned by Guérin as occurring in North America, but I have not identified either of them.

December, 1866.

LAMPYRIDAE.

LAMPYRIDAE (genuini).

LYCINI.

Lycus Fabr.

cruentus *Lec.*
lateralis *Lec.*
  Lygistopterus lat. *Mels.*

Dictyoptera Latr.

perfaceta *Lec.*
  Lycus perf. *Say.*
  D. substriata *Lec.*

Calopteron Guér.

typicum *Lec.*
  Digrapha typic. *Newm.*
  var. D. discrepans *Newm.*
  var. D. affinis *Lec.*
  ? var. D. apicalis *Lec.*[1]
reticulatum.
  Lycus ret. *Fabr.*
  Digrapha ret. *Newm.*
  var. D. dorsalis *Newm.*
    D. duplicata *Hald.*
  var. D. terminalis *Say.*
megalopterum *Lec.*

Caenia Newm.

dimidiata *Lec.*
  Lycus dim. *Fabr.*
  C. scapularis *Newm.*
basalis *Lec.*
  Celetes marginella *Newm.*
  Cel. basalis *Lec.*
  Cel. mysterina *Lec.*
  Cel. tabida *Lec.*
sanguinipennis *Lec.*
  Lycus sang. *Say.*

Eros Newm.

hamatus *Lec.*
  Dictyopterus ham. *Mann.*
simplicipes *Lec.*
  Dictyopterus simpl. *Mann.*
coccinatus *Lec.*
  Lycus cocc. *Say.*
mundus *Lec.*
  Lycus mundus *Say.*
thoracicus *Lec.*
  Omalisus thor. *Randall.*
sculptilis *Lec.*
  Lycus sculpt. *Say.*
oblitus *Newman.*
  incestus *Lec.* (♂).
crenatus *Lec.*
  Omalisus cren. *Germ.*
  O. cruciatus *Randall.*
  E. alatus *Newm.*
fraternus (*Randall*).—
humeralis *Newm.*
  Lycus hum. *Fabr.*
  Omalisus obliquus *Say.*
trilineatus *Lec.*
  Dictyopterus tril. *Mels.*
modestus *Lec.*
  Lycus mod. *Say.*
  Eros timidus *Lec.* (♂).
  E. aeger *Lec.* (♀).
  Dict. minutus† *Lec.*
  var. E. similis *Lec.*
mollis *Lec.*
  var. lacrimus *Lec.*
  var. D. nanus *Mels.*
  var. vilis *Lec.*
floralis *Lec.*
  Dictyopterus fl. *Mels.*
sollicitus *Lec.*
canaliculatus *Lec.*
  Lycus can. *Say.*
  ? E. alatus *Newm.*[2]

LAMPYRINI.

Pleotomus Lec.

pallens *Lec.* n. sp.

Calyptocephalus Gray.

bifarius *Motsch.*
  Lampyris bif. *Say.*
  Pollaclasis ovata *Newm.*
  Pol. bifaria *Lec.*

Lucidota Lap.

atra *Lac.*
  Lampyris atra *Fabr.*
  L. laticornis *Fabr.*
  Photinus (Luc.) lat. *Lap.*
  Lucernuta atra *Lec.*
  Lychnuris atra *Motsch.*
  Lychn. morio *Mels.*
tarda *Lac.*
  Lucernuta tarda *Lec.*
punctata *Lac.*
  Lucernuta punct. *Lec.*

Photinus Lap. (emend. Lec.)

§ Ellychnia Lec.

facula *Lec.*
  ? Ell. lateralis *Motsch.*
californica *Lec.*
  Ellychnia cal. *Motsch.*
corrusca *Lec.*
  Lampyris corr. *Linn.*
  Ell. latipennis *Motsch.*
autumnalis (*Mels.*) *Lec.*
  Ell. corrusca† *Motsch.*
  no place. given?
lacustris (*Lec.*) *Lec.*

§ Pyropyga Motsch.

fenestralis *Lec.*
  Pyractomena fenestr. *Mels.*
nigricans *Lec.*
  Lampyris nigr. *Say.*
  ? L. obscura *Fabr.*
decipiens *Lec.*
  Lampyris dec. *Harris.*
  Ell. neglecta *Lec.*
minuta *Lec.*
  Ellychnia min. *Lec.*
californica *Lec.*—
  Pyropyga cal. *Motsch.*

§ Pyractomena Lec.

angulata *Lec.*
  Lampyris ang. *Say.*
  Pyractomena ang. *Lec.*
borealis *Lec.*
  Lampyris bor. *Randall.*
  Pyractomena bor. *Lec.*
angustata (*Lec.*) *Lec.*
lucifer *Lec.*
  Lampyris luc. *Mels.!*
  Pyr. linearis *Lec.*

(§ Pyractonema Motsch.)

consanguineus *Lec.*
vittiger *Lec.*
ardens *Lec.*
  var. obscurellus *Lec.*
lineellus *Lec.*

(§ Ellipolampis Motsch.)

pyralis *Lap.*
  Lampyris pyr. *Linn.*
  Lamp. centrata *Say.*
  Lamp. ramosa *Germ.*
  Pyractonema versicolor† *Motsch.*
marginellus *Lec.*
  ? Ellip. pyralis† *Motsch.*
  var. P. castus *Lec.*

---

[1] *Digrapha discrepans* Newm. (Ent. Mag. 5, 381), from some clerical error in the description is incomprehensible, but is probably the same as *D. apicalis* Lec.

[2] *Lycus marginellus* Fabr. is not recognizable, neither are *Eros praefectus* and *lictor* Newman.

§ Gynaptera Lec.[1]

scintillans *Lec.*
  Lampyris scint. *Say.*
  Macrolampis scint. *Motsch.*
punctulatus *Lec.*[2]

Phausis Lec.

reticulata *Lec.*
  Lampyris retic. *Say.*

Microphotus Lec.

dilatatus *Lec.* n. sp.

Photuris Lec.

pennsylvanica *Lec.*
  Lampyris penn. *De Geer.*
  Lamp. versicolor *Fabr.*
  Photinus penn. *Lap.*
frontalis *Lec.*
divisa *Lec.*
  var. congener *Lec.*

PHENGODINI.[3]

Phengodes Hoffm.

plumosa *Hoffm.* (♂).
  Lampyris plum. *Oliv.*
  Ph. testaceus *Leach.*
fusciceps *Lec.*

Pterotus Lec.

obscuripennis *Lec.* (♂).

TELEPHORIDAE.

CHAULIOGNATHINI.

Chauliognathus Hentz.

pensylvanicus *Lec.*
  Telephorus penn. *De Geer.*
  Canth. americana *Forster.*
  Canth. bimaculata *Fabr.*
  Chaul. bimaculatus *Hentz.*
profundus *Lec.*
opacus *Lec.* n. sp.
limbicollis *Lec.*
basalis *Lec.*
scutellaris *Lec.*
discus *Lec.*
marginatus *Hentz.*
  Cantharis marg. *Fabr.*
  var. Chaul. hentzii *Lec.*
  var. Canth. ligata *Say.*

TELEPHORINI.

Omethes Lec.

marginatus *Lec.* n. sp.

Podabrus Westw. (emend. Lec.)

§ Brachypterus Kirby.

tricostatus *Lec.*
  Cantharis tric. *Say.*
  Teleph. bennettii *Kirby.*
  ? Malth. parvicollis *Motsch.*
  M. atripes *Motsch.*
basillaris *Lec.*
  Cantharis bas. *Say.*
flavicollis *Lec.*
discoideus *Lec.*
punctulatus *Lec.*
modestus *Lec.*
  Cantharis mod. *Say.*
diadema *Lec.*
  Cantharis diad. *Fabr.*
frater *Lec.*
  Malth. quadricollis *Motsch.*
latimanus *Lec.*
  Malthacus lat. *Motsch.*
  P. mellitiens *Lec.*
gradatus *Lec.*
comes *Lec.*
  torquatus *Lec.*
pruinosus *Lec.*
tomentosus *Lec.*
  Cantharis tom. *Say.*
  Pod. rufulus *Mels.*
rugosulus *Lec.*
poricollis *Lec.*
  puncticollis? *Lec.*
brunnicollis *Lec.*
fayi *Lec.* n. sp.
protensus *Lec.* n. sp.

§ Malthacus Kirby.

scaber *Lec.*
macer *Lec.*
piniphilus *Lec.*
  Rhagonycha pin. *Esch.*
  R. paterculus *Lec.*
  Dichelotarsus pin. *Motsch.*
cinctipennis *Lec.* n. sp.
punctatus *Lec.*
  Tel. (M.) punct. *Kirby.*
puncticollis *Lec.*
  Tel. (M.) punct. *Kirby.*
  P. marginellus *Lec.*
corneus *Lec.*
cavicollis *Lec.*
tejonicus *Lec.*
laevicollis *Lec.*
  Tel. (M.) laev. *Kirby.*
sericata.—
  Rhagonycha ser. *Mann.*
  an laevicollis?
simplex *Couper.*
mandibularis (*Kirby*).—

Telephorus Schäffer.

§ Ancistronycha Märk.

dentiger *Lec.*
excavatus *Lec.*
  vilis *Lec.*

§ Rhagonycha Esch.

carolinus *Lec.*
  Cantharis car. *Fabr.*
  Rhagonycha car. *Motsch.*
  C. jactata *Say.* (immat.)
angulatus *Lec.*
  Cantharis ang. *Say.*
lineola *Lec.*
  Cantharis lin. *Fabr.*
  C. parallela *Say.*
  var. T. sayi *Lec.*
rectus *Mels.*
  ? C. rufipes *Say.*
imbecillis *Lec.*
cruralis *Lec.*
flavipes *Lec.*
dichrous *Lec.*
luteicollis *Germ.*
  cinctellus *Lec.*
scitulus *Lec.*
  Cantharis sc. *Say.*
nigriceps *Lec.*
longulus *Lec.*
pusillus *Lec.*
fraxini *Lec.*
  Cantharis fr. *Say.*
  T. ater (*Linn.*) *Kirby.*
  T. nigrita *Lec.*
  Rh. binodula *Mann.*

§ Telephorus Kraatz.

tibialis *Lec.*
consors *Lec.*

---

[1] In the section *Gynaptera* the females are apterous, but have short elytra as in the European *Lamprorhiza.*

[2] *Lucidota* [illegible] Lap. is probably not a North American species.

[3] It is quite possible that this tribe should be united with *Drilidae.*

rotundicollis *Lec.*
  Cantharis rot. *Say.*
westwoodii *Kirby.*—
samouelii *Kirby.*—
curtisii *Kirby.*
grandicollis *Lec.*
  ? Oripa rubricollis *Motsch.*
transmarinus.—
  Oripa transm. *Motsch.*
fidelis *Lec.*
scopus *Lec.* n. sp.
tuberculatus *Lec.*
  T. impressus *Lec.*
  Silis ? brevicollis *Lec.*
marginellus *Lec.*
oregonus *Lec.* n. sp.
collaris *Lec.*
bilineatus *Lec.*
  Cantharis bil. *Say.*
peregrinus *Boh.*—

§ Cyrtomoptera Motsch.

divisus *Lec.*
  Cyrt. latiuscula *Motsch.*

§ Cyrtomoptila Motsch.

notatus *Lec.*
  Cantharis not. *Mann.*
  T. laevalis *Lec.* (immat.)
lautus *Lec.*

§ Polemius Lec.

laticornis *Lec.*
  Cantharis lat. *Say.*
  Telephorus debilis *Mels.*
incisus *Lec.*
limbatus *Lec.* (♂).
  Teleph. repandus *Lec.* (♀)
planicollis *Lec.*
armiger *Couper.*[1]

Silis Charp.

pallida *Mann.*
  pallens ? *Lec.*
  lutea *Lec.*
percomis *Lec.*
  Cantharis perc. *Say.*
  S. longicornis *Lec.* (♂).
  Telephorus cartus *Lec.* (♀).
difficilis *Lec.*

Ditemnus Lec.

bidentatus *Lec.*
  Cantharis bid. *Say.*

Trypherus Lec.

latipennis *Lec.*
  Malthinus lat. *Germ.*
  Molorchus marginalis *Say.*
  Malthinus marg. *Say.*
  Lygerus lat. *Kiesenwetter.*

Lobetus Kiesenw.

abdominalis *Lec.*

Tytthonyx Lec.

erythrocephalus *Lec.*
  Lampyris erythr. *Fabr.*
  Malth. serraticornis *Mels.*

Malthinus Latr.

occipitalis *Lec.*
  var. difficilis *Lec.*

Malthodes Kiesenw.

concavus (*Lec.*)
transversus (*Lec.*)
fuliginosus *Lec.* n. sp.
exilis *Lec.*
  Malthinus ex. *Mels.*
  Malth. fulvicollis *Kiesenw.*
fragilis (*Lec.*)
niger (*Lec.*)
fusculus (*Lec.*)
laticollis *Lec.*
  Malthod. transversus ? *Lec.*
parvulus (*Lec.*)
spado *Lec.* n. sp.

MALACHIDAE.

MALACHINI.

Collops Er.

bipunctatus *Er.*
  Malachius bip. *Say.*
marginicollis *Lec.*
nigriceps *Er.*
  Malachius nigr. *Say.*
eximius *Er.*
tricolor *Er.*
  Malachius tric. *Say.*
punctatus *Lec.*
limbatus *Lec.* n. sp.
cribratus *Lec.*
  cyanipennis *Motsch.* (♀).
balteatus *Lec.*
quadrimaculatus *Er.*
  Malachius quadr. *Fabr.*
  Coroebus ruficollis *Fabr.*
  Panagaeus ruf. *Fabr.*
histrio *Er.*
vittatus *Er.*
  Malachius vitt. *Say.*
  Megadrotoma haworthi *Westw.* (♂)
a. confluens *Lec.*
marginellus *Lec.*
insulatus *Lec.* n. sp.
punctulatus *Lec.*

Tanaops Lec.

abdominalis *Lec.*
longiceps *Lec.*
  Malachius long. *Lec.*
apicalis.—
  Cephalistes ap. *Motsch.*
unicolor.—
  Cephalistes un. *Motsch.*

Hapalorhinus Lec.

mirandus *Lec.*
auritus *Lec.*
  Malachius aur. *Lec.*

Malachius Fabr.

aeneus *Fabr.*

Anthocomus Er.

erichsonii *Lec.*
  A. ciliatus ? *Er.*
  A. lateralis *Lec.*
flavilabris *Lec.*
  Malachius flav. *Say.*

Attalus Er.

§ Eratoptera Motsch.

otiosus *Lec.*
  Malachius ot. *Say.*
  M. nigripennis *Say.*
  Anth. atripennis *Er.*
flavifrons *Lec.*
  Anthocomus fl. *Lec.*
pallifrons *Lec.*
  Anthocomus pall. *Motsch.*
humeralis *Lec.* n. sp.
circumscriptus *Lec.*
  Malachius circ. *Say.*
  Anthocomus circ. *Er.*
cinctus *Lec.*
  Anthocomus cinc. *Lec.*

[1] I cannot identify *Cantharis ciliata* Fabr. Lec. Syst. I, 219.

difficilis *Lec.*
Anthocomus diff. *Lec.*
lobulatus *Lec.*
Anthocomus lobulatus *Lec.*
terminalis *Lec.*
Anthocomus term. *Er.*
E. haemorrhoidalis *Motsch.*
scincetus *Lec.*
Malachius sc. *Say.*
Anthocomus sc. *Er.*
infuscatus (*Motsch.*)—
? an praec. var.
trimaculatus (*Motsch.*)—
rufomarginatus.—
Scalopterus ruf. *Motsch.*
granularis *Lec.*
Anthocomus gr. *Er.*
basalis *Lec.*
Anthocomus bas. *Lec.*
melanopterus (*Er.*)—
an Ebaeus bicolor ♀ ?
morulus *Lec.*
Ebaeus mor. *Lec.*

Acletus Lec.

nigrellus *Lec.*

Ebaeus Er.

apicalis *Er.*
Malachius apic. *Say.*
Mal. micatus *Mels.*
bicolor *Lec.*
pusillus *Lec.*
Malachius pus. *Say.*
oblitus *Lec.*
? **submarginatus** *Lec.*

Microlipus Lec.

laticeps *Lec.*
Malachius lat. *Lec.* (♂).

Charopus Er.

moerens *Lec.*
longicollis *Motsch.*
uniformis *Motsch.*—

Endeodes Lec.

basalis *Lec.*
Atelestus bas. *Lec.*
abdominalis *Lec.*
Atelestus abd. *Lec.*
collaris *Lec.*
Atelestus coll. *Lec.*

DASYTINI.

Pristoscelis Lec.

§ Byturosomus Motsch.

fuscus *Lec.*
Dasytes fusc. *Lec.*
B. griseus *Motsch.*
B. rufipes *Motsch.*

§ Trichochrous Motsch.

ater *Blanch.* (atrum).
? T. cylindricus *Motsch.*
laticollis *Lec.*
Dasytes lat. *Mann.*
fulvitarsis *Blanch.*
antennatus (*Motsch.*)
D. griseus *Lec.*
brevicornis *Lec.*
californicus (*Motsch.*)—
cylindricus (*Motsch.*)—

§ Emmenotarsus Motsch.

brevipilosus *Lec.*
hirtellus *Lec.*
sordidus (*Lec.*)
suturalis (*Lec.*)
conformis (*Lec.*)
grandiceps *Lec.*
quadricollis (*Lec.*)
squalidus (*Lec.*)
aenescens (*Lec.*)
punctipennis *Lec.*
pedalis *Lec.*
texanus *Lec.*
rufipennis (*Lec.*)
? **parvicollis** (*Mann.*)—

§

seriicollis *Lec.*

Listrus Motsch.

canescens *Motsch.*
Dasytes can. *Mann.*
difficilis (*Lec.*)
rotundicollis *Motsch.*
Dasytes rot. *Lec.*
obscurellus (*Lec.*)
luteipes (*Lec.*)
punctatus *Motsch.*—
tibialis *Motsch.*—
senilis (*Lec.*)
erythropus (*Lec.*)
pusillus (*Lec.*)

Dolichosoma Stephens.

foveicollis *Lec.*
Dasytes fov. *Kirby.*
nigricornis *Lec.*
Pristoscelis nigr. *Blanch.*

Eschatocrepis Lec.

constrictus (*Lec.*)
var. L. constricollis *Motsch.*

Allonyx Lec.

sculptilis (*Lec.*)
plumbeus *Lec.*

Dasytes Payk.

breviusculus *Motsch.*
hudsonicus *Lec.*

Melyris Fabr.

basalis *Lec.*
Dasytes bas. *Lec.*
cribratus *Lec.*
Dasytes cribr. *Lec.*

RHADALINI.

Rhadalus Lec.

testaceus *Lec.*

CLERIDAE.

CLERINI.

Elasmocerus Lec.

terminatus *Lec.*
Tillus term. *Say.*
T. (Macrotelus,) t. *Klug.*
Monophylla term. *Spin.*
M. megatoma *Spin.* (♀).

Tillus Fabr.

collaris *Spin.*—[1]

Perilypus Spin.

carbonarius *Spin.*—

Cymatodera Gray.

brunnea *Mels.*
cancellata *Lec.*

[1] T. pectinicornis Klug is not an American but an Asiatic species.

morosa *Lec.*
?cylindricollis *Chevr.*
inornata *Lec.*
Priocera in. *Say.*
Tillus (C.) in. *Klug.*
bicolor *Lec.*
Tillus bic. *Say.*
undulata *Lec.*
Tillus und. *Say.*
C. longicollis *Spin.*
C. hopei *Chevr.*
balteata *Lec.*
fasciifera *Lec.* n. sp.
punctata *Lec.*
tenera *Lec.*
usta *Lec.*
fuscula *Lec.*
puncticollis *Blanch.*
angustata *Spin.*
ovipennis *Lec.*
pilosella *Lec.* n. sp.
longicornis *Lec.*

Opilus Latr.

domesticus *Klug.*[1]
Notoxus mollis var. *Spin.*

Priocera Kirby.

castanea *Lec.*
Opilus cast. *Newm.*
P. rufiventris *Spin.*
P. maculata *Ziegler.*

Trichodes Herbst.

ornatus *Say.*
douglasianus *White.*
hartwegianus *White.*
bifasciatus *Fabr.*[2]
tenellus *Lec.*
an T. nuttalli var.?
nuttalli *Klug.*
Clerus nutt. *Kirby.*
bibalteatus *Lec.*
apivorus *Germ.*
trifasciatus *Sturm.*

Clerus Geoffr. (emend. Kiesenw.)

THANASIMUS Latr. (emend. Duval.)

§ PSEUDOCLEROPS Duval.

spinolae *Lec.*
quadrisignatus *Say.*
affiliatus *Lec.*
rufiventris *Lec.*
latecinctus *Lec.*
analis *Lec.*
nigripes *Say.*
incertus *Lec.*
dubius? *Spin.*
nigripes? *Lec.*
vix a praecedente differt.
nigrifrons *Say.*
rosmarus *Say.*
oculatus *Spin.*
var. angustus *Lec.*
lunatus *Spin.*
bicolor *Mels.*
ichneumoneus *Fabr.*
rufus *Oliv.*
mexicanus *Laporte.*
abruptus *Lec.*
arachnodes *Klug.*—
crabronarius *Spin.*—
cordifer *Lec.*
eximius *Mann.*
holosericeus *White.*
nigriventris *Lec.*
sphegeus *Fabr.*
moestus *Klug.*
tricolor *Lec.*
viduus *Klug.*—
erythrogaster *Spin.*
thoracicus *Oliv.*
mollis *Mels.*
sexguttatus *Fabr.*—
quadriguttatus *Oliv.*—

§ THANASIMUS Spin.

trifasciatus *Say.*
dubius *Fabr.*
Th. ruficeps *Spin.*
undatulus *Say.*
nubilus *Klug.*
Th. abdominalis? *Kirby.*
vix a praec. differt.
rubriventris *Lec.*

§ THANEROCLERUS Spin.

sanguineus *Say.*
? **tantillus** *Lec.*

Cleronomus Klug.

COLYPHUS Spin.

signaticollis (*Spin.*)—
cinctipennis (*Spin.*)—
rufipennis (*Spin.*)—
interceptus (*Spin.*)—

Hydnocera Newman.

tricondylae *Lec.*
unifasciata *Lec.*
Clerus unif. *Say.*
Hydn. pinetorum *Spin.*
subfasciata *Lec.* n. sp.
subaenea *Spin.*
staphyliniformis? *Spin.*
humeralis *Newm.*
Clerus hum. *Say.*
var. H. cyanescens *Lec.*
var. H. difficilis *Lec.*
rufipes *Newm.*—
pubescens *Lec.*
scabra *Lec.*
discoidea *Lec.*
pallipennis *Lec.*
Clerus pall. *Say.*
Hyde. serrata *Newm.*
suturalis *Spin.*
Clerus sut. *Klug.*
Hyde. limbata *Spin.*
bicolor *Lec.*
pedalis *Lec.* n. sp.
verticalis *Lec.*
Trichodes vert. *Say.*
Hyde. curtipennis *Newm.*
Clerus brachypterus *Klug.*
H. [illegible]collis *Spin.*
schusteri *Lec.* n. sp.
tabida *Lec.*
longicollis *Ziegler.*
aegra *Newm.*—

KNOPLIINI.

Phyllobaenus Spin.

dislocatus *Lec.*
Enoplium disl. *Say.*
E. distrophum *Klug.*
Ph. transversalis *Spin.*

Ichnea Lap.

laticornis *Lec.*
Enoplium lat. *Say.*

Tarsostenus Spin.

univittatus *Spin.*
Clerus univitt. *Rossi.*
Opilus albofasciatus *Mels.*
Tarsostenus alb. *Lec.*

---

[1] Introduced into Canada.

[2] A variety of this species occurs in California, according to White, B. M. Cat. 21; but a variety of T. ornatus Say is more probably intended.

Chariessa Perty.

vestita *Spin.*
Brachymorphus vest. *Chev.*
Enoplium vest. *Klug.*
Corynetes spectabilis *Lap.*
dichroa *Lec.*
Enoplium dichr. *Lec.*
pilosa *Lec.*
Lampyris pil. *Forster.*
Enoplium pil. *Say.*
Pelonium pil. *Spin.*
a. **onusta.**
Enoplium on. *Say.*
E. marginatum, *Say.*

Cregya Lec.

vetusta *Lec.*
Pelonium vet. *Spin.*
Enopl. venustum *Hald.*
Prioc. albomaculata *Ziegl.*
fasciata *Lec.*
Enoplium fasc. *Lec.*

§

oculata *Lec.*
Clerus oc. *Say.*
Pelon. marginipenne *Spin.*
mixta *Lec.* n. sp.

Orthopleura Spin.

texana *Bland.*
damicornis *Spin.*
Tillus dam. *Fabr.*
Enopl. thoracicum *Say.*
E. punctatissimum *Chevr.*
E. bimaculatum *Mels.*

Enoplium Latr.

quadripunctatum *Say.*
quadrinotatum *Hald.*
scabripenne *Lec.* n. sp.

Lebasiella Spin.

janthina *Lec.* n. sp.
nigripennis *Lec.* n. sp.

Laricobius Rosenhauer.

rubidus *Lec.* n. sp.

Corynetes Herbst.

§ Necrobia Spin.

rufipes *Fabr.*
Dermestes ruf. *Fabr.*
Necrobia ruf. *Oliv.*
ruficollis *Fabr.*
Dermestes ruf. *Fabr.*
Necrobia ruf. *Oliv.*
violaceus *Herbst.*
Dermestes viol. *Linn.*
Necrobia viol. *Stephens.*
Necr. errans *Mels.*
marginellus *Chevr.*
an hine Am. Bor.?

§ Opetiopalpus Spin.

luridus (*Spin.*)—

LYMEXYLIDAE.

Lymexylon Fabr.

sericeum *Harris.*

Hylecoetus Latr.

lugubris *Say.*—
americanus *Harris.*—

CUPESIDAE.

Cupes Fabr.

capitata *Fabr.*
concolor *Westwood.*
cinerea *Say.*
trilineata *Mels.*
serrata *Lec.*

PTINIDAE.

PTINIDAE (genuini).

PTININI.

Gibbium Scopoli.

scotias *Scop.*
Ptinus scotias *Linn.*

Mezium Curtis.

americanum *Boieldieu.*
Gibbium amer. *Laporte.*

Trigonogenius Solier.

farctus *Lec.* n. sp.

Niptus Boieldieu.

ventriculus *Lec.*

Ptinus Linn.

fur *Linn.*
humeralis *Say.*
brunneus *Duftschmidt.*
frontalis *Mels.*
verticalis *Lec.*
quadrimaculatus *Mels.*
bimaculatus *Mels.*—
interruptus *Lec.*

EUCRADINI.

Eucrada Lec.

humeralis *Lec.*
Hedobia hum. *Mels.*

ANOBIIDAE.

ANOBIINI.

Eremobius Thoms.[1]

mollis *Thoms.*
Anobium molle *Fabr.*
An. convexifrons *Mels.*
Philoxylon conv. *Lec.*
Lianum molle *Mels.*
punctulatus *Lec.*
Anobium punct. *Lec.*
alutaceus *Lec.*
Philoxylon al. *Lec.*
debilis *Lec.*
granulatus *Lec.*
marginicollis *Lec.*
Anobium marg. *Lec.*
tenuicornis *Lec.*

Ozognathus Lec.

cornutus *Lec.*
Anobium corn. *Lec.*
misellus *Lec.*

Xestobium Motsch.[2]

tessellatum *Motsch.*
Anobium tess. *Fabr.*
Cnecus tess. *Thoms.*

Oligomerus Redt.

sericans *Lec.*
Anobium ser. *Mels.*
obtusus *Lec.*
alternatus *Lec.*

---

[1] Philoxylon Lec. Lianum Mels.

[2] Cnecus Thoms.

Sitodrepa Thoms.[1]

panicea *Thoms.*
  Anobium pan. *Fabr.*
  A. (Artobium) pan. *Muls.*

Ctenobium Lec.

antennatum *Lec.*

Ptinodes Lec.

setifer *Lec.*
  Anobium set. *Lec.*

Trichodesma Lec.

gibbosum *Lec.*
  Anobium gibb. *Say.*

Nicobium Lec.

hirtum *Lec.*
  Anobium hirt. *Ill.*
  A. (Neobium) hirt. *Muls.*

Hadrobregmus Thoms.[2]

§ Cacotemnus Lec.

errans *Lec.*
  Anobium err. *Mels.*
  Cacotemnus err. *Lec.*
carinatus *Lec.*
  Anobium car. *Say.*
linearis *Lec.*

§

pumilio *Lec.*
gibbicollis *Lec.*
  Anobium gibb. *Lec.*
  Hemicoelus gibb. *Lec.*

§

foveatus *Lec.*
  Anobium fov. *Kirby.*
  Hemicoelus fov. *Lec.*

Anobium Fabr.
(emend. Thomson.)

notatum *Say.*
quadrulum *Lec.*

Trypopitys Redt.

sericeus *Lec.*
  Xyletinus ser. *Say.*
punctatus *Lec.*

Petalium Lec.

bistriatum *Lec.*
  Anobium bistr. *Say.*

Theca Muls.

profunda *Lec.*

Eupactus Lec.

nitidus *Lec.*
punctulatus *Lec.*
pudicus *Lec.*
  ? Anobium pud. *Boh.*

Xyletinus Latr.

peltatus *Lec.*
  Anobium pelt. *Harris.*
pallidus *Lec.*
mucoreus *Lec.*
fucatus *Lec.*
puberulus *Boh.*—

Lasioderma Steph.

serricorne *Lec.*
  Ptinus serr. *Fabr.*
  Pseudochina serr. *Muls.*
  Ptilinus testaceus *Duftsch.*
  Xyletinus test. *Sturm.*
  Lasioderma test. *Steph.*
  X. pallidus *Lap.*
dermestinum *Lec.*

Catorama Guér.

? **simplex** *Lec.*

Hemiptychus Lec.

punctatus *Lec.*
gravis *Lec.*
  Dorcatoma grave *Lec.*
pusillus *Lec.*
  Dorcatoma pus. *Lec.*
borealis *Lec.*
ventralis *Lec.*
obsoletus *Lec.*
nigritulus *Lec.*

Protheca Lec.

puberula *Lec.*
hispida *Lec.*

Dorcatoma Herbst.

setulosum *Lec.*
incomptum *Lec.*

Caenocara Thoms.[3]

oculata *Lec.*
  Dorcatoma oc. *Say.* (♂).
  D. simile *Say.* (♀).
  Tylistus sim. *Lec.*
scymnoides *Lec.*
bicolor.—
  Dorcatoma bic. *Germ.*

PTILININI.

Ptilinus Geoffr.

ruficornis *Say.*
  Pt. bicolor *Mels.*
basalis *Lec.*
thoracicus *Lec.*[4]
  Tomicus thor. *Randall.*

BOSTRICHIDAE.

ENDECATOMINI.

Endecatomus
Mellié.

reticulatus *Mellié.*
  Anobium ret. *Herbst.*
  Dictyalotus ret. *Redt.*
rugosus *Lec.*
  Triphyllus rug. *Randall.*
  End. dorsalis *Mellié.*

BOSTRICHINI.

Sinoxylon Duftsch.

asperum *Lec.*
sericans *Lec.*
4-spinosum *Lec.* n. sp.
sextuberculatum *Lec.*
basilare *Lec.*
  Apate bas. *Say.*
declive *Lec.*

Bostrichus Geoffr.
(emend. Guérin).

serricollis *Lec.*
  Apate serr. *Germ.*
  Apate bicornis *Say.*
  ? A. bicornis *Web.*
armiger *Lec.* n. sp.
truncaticollis *Lec.* n. sp.

---

[1] *Anobium* subg. *Artobium* Muls.
[2] *Cacotemnus* and *Hemicoelus* Lec.
[3] *Tylistus* Lec., *[illegible]* Muls.
[4] *Ptilinus serricollis* Say, Journ. Ac. Nat. Sc. Phila. 3, 185, is a *[illegible]*.

Amphicerus Lec.

bicaudatus *Lec.*
 Apate bic. Say. (♂).
 Ap. serricollis Germ. (♀).
punctipennis *Lec.*
 Bostrichus punct. Lec.
fortis *Lec.* n. sp.

Dinoderus Steph.

punctatus *Lec.*
 Apate punct. Say.
substriatus *Steph.*
 Apate substr. Payk.
porcatus *Lec.* n. sp.
cribratus *Lec.* n. sp.
densus *Lec.* n. sp.

Rhizopertha Steph.

pusilla *Steph.*
 Sinodendron pus. Fabr.

PSOINI.

Polycaon Lap.

stoutii *Lec.*
 Allocomemis st. Lec.
ovicollis *Lec.*
 Exops ov. Lec.
exesus *Lec.*
pubescens *Lec.* n. sp.
punctatus *Lec.* n. sp.
confertus *Lec.* n. sp.

Acrepis Lec.

maculata *Lec.*—

LYCTIDAE.

Lyctus Fabr.

striatus *Mels.*
 var. *axillaris Mels.*
opaculus *Lec.* n. sp.
cavicollis *Lec.* n. sp.
planicollis *Lec.*

Trogoxylon Lec.

parallelopipedum *Lec.*
 Xylotrogus par. Mels.
punctatum *Lec.* n. sp.

SPHINDIDAE.

Sphindus Chevr.

americanus *Lec.* n. sp.

CIOIDAE.[1]

Cis Latr.

dichrous *Lec.*
creberrimus *Mellié.*
setulosus *Mellié.*
fuscipes *Mellié.*
americanus *Mannh.*
bicarinatus *Mannh.*
tridentatus *Mannh.*
ephippiatus *Mannh.*—
micans (fide *Kirby*).—
 Anobium mic. Fabr.
chevrolatii *Mellié.*
atripennis *Mellié.*
dubius *Mellié.*
pumicatus *Mellié.*
minutissimus *Mellié.*
obesus *Mellié.*
punctatus *Mellié.*
tristis *Mellié.*
subtilis *Mellié.*

Ennearthron Mellié.[2]

vitulus *Lec.*
 Cis vitulus Mannh.
mellyi *Mellié.*

Ceracis Mellié.

sallei *Mellié.*
militaris *Mellié.*

TENEBRIONIDAE.

TENTYRIIDAE.

EPIPHYSINI.

Edrotes Lec.

ventricosus *Lec.*
rotundus *Lec.*
 Pimelia rot. Say.

TENTYRIINI.[3]

Triorophus Lec.

nodiceps *Lec.*
laeviceps *Lec.*
rugiceps *Lec.*
punctatus *Lec.*

Triphalus Lec.

perforatus *Lec.* n. sp.

Craniotus Lec.

pubescens *Lec.*—

Trimytis Lec.

pruinosa *Lec.*

Cryptadius Lec.

inflatus *Lec.*—

Eurymetopon Esch.

abnorme *Lec.*
rufipes *Esch.*
convexicolle *Lec.*
punctulatum *Lec.* n. sp.
ochraceum *Esch.*—

‡

serratum *Lec.* n. sp.

Emmenastus Motsch.
(emend Lec.)

punctatus *Lec.* n. sp.
pinguis *Lec.* n. sp.
convexus *Lec.* n. sp.
obtusus *Lec.*
obesus *Lec.*
 Eurymetopon ob. Lec.
ater *Lec.*
 Eurymetopon at. Lec.
rugosus *Motsch.*—

‡

longulus *Lec.*
 Eurymetopon long. Lec.
texanus *Lec.* n. sp.

Auchmobius Lec.

sublaevis *Lec.*—

---

[1] I have not studied critically the species of this family, and the list is simply a compilation; there are many species in my collection which have not yet been identified.

[2] *Cis thoracicornis* Ziegl. Proc. Ac. Nat. Sc. Phila. 2, 270, belongs to this genus, but the description does not enable it to be identified.

[3] The arrangement here adopted is somewhat different from that which is set forth in Classification of Coleoptera of North America, pp. 213, 214, and is partly modified according to the principles made known by Kraatz, Rev. Tenebr. alten Welt, 69, sqq.

EPITRAGINI.

Epitragus Latr.

submetallicus *Lec.*
acutus *Lec.* n. sp.
arundinis *Lec.* n. sp.
canaliculatus *Say.*
plumbeus *Lec.* n. sp.
tomentosus *Lec.* n. sp.

Schoenicus Lec.

puberulus *Lec.* n. sp.

ANEPSIINI.

Anepsius Lec.

delicatulus *Lec.*

Batulius Lec.

setosus *Lec.*
rotundicollis *Lec.*

ZOPHERINI.

Zopherus Sol.

nodulosus *Sol.*
variolosus *Hald.*
tristis *Lec.*
concolor *Lec.*

Phloeodes Lec.

diabolicus *Lec.*
Nosoderma diab. *Lec.*
pustulosus *Lec.*
Nosoderma pust. *Lec.*

Noserus Lec.

plicatus *Lec.*
Nosoderma pl. *Lec.*

Phellopsis Lec.

porcata *Lec.*
Nosoderma porc. *Lec.*
obcordata *Lec.*
Boletophagus obc. *Kirby.*

DACODERINI.

Dacoderus Lec.

striaticeps *Lec.*

STENOSINI.

Araeoschizus Lec.

costipennis *Lec.*

APOCRYPHINI.

Apocrypha Esch.

anthicoides *Esch.*
dischyrioides *Lec.*

ASIDIDAE.

NYCTOPORINI.

Nyctoporis Esch.

galeata *Lec.*
cristata *Esch.*
carinata *Lec.*
aequicollis *Esch.?*

CRYPTOGLOSSINI.

Centrioptera Mann.

caraboides *Mann.*—
muricata *Lec.*
spiculata *Lec.*
an mariata gen?

Oochila Lec.

infausta *Lec.*
Asbolus ? inf. *Lec.*
seriata *Lec.*
Cryptoglossa ser. *Lec.*

Cryptoglossa Sol.

verrucosa *Lec.*
Asbolus verr. *Lec.*
laevis *Lec.*
Asbolus laev. *Lec.*

ASIDINI.

Microschatia Sol.

inaequalis *Lec.*
puncticollis *Lec.*
sulcipennis *Lec.*

Astrotus Lec.

contortus *Lec.*

Heleglyptus Lec.

anastomosis *Lec.*
Asida anast. *Say*
Pactostoma anast. *Lec.*

Pelecyphorus Sol.

costipennis *Lec.*
sordidus *Lec.*
irregularis *Lec.*
var. aeger *Lec.*
morbillosus *Lec.*
aegrotus *Lec.*
carinatus *Lec.*
bifurcus *Lec.*
connivens *Lec.* n. sp.
obsoletus *Lec.*
rimatus *Lec.*
var. subcostatus *Lec.*
marginatus *Lec.*
confluens *Lec.*
parallelus *Lec.*
sexcostatus *Lec.*
muricatulus *Lec.*
hispidulus *Lec.*
hirsutus *Lec.*
costipennis *Lec.*
difformis *Lec.*
var. elatus *Lec.*
angulatus *Lec.*

Asida Latr.

opaca *Say.*
lirata *Lec.*
Pelecyphorus lir. *Lec.*
polita *Say.*

§ Ercunus Lec.

obovata (*Lec.*)
convexa (*Lec.*)
convexicollis (*Lec.*)
puncticollis *Lec.* n. sp.

BRANCHINI.

Branchus Lec.

floridanus *Lec.* n. sp.

CONIONTINI.

Coelus Esch.

globosus *Lec.*
ciliatus *Esch.*

Eusattus Lec.

§ Discodemus Lec.

reticulatus *Lec.*
  Zopherus ret. *Say.*

§

laevis *Lec.* n. sp.

§ Ectatus Lec.

difficilis *Lec.*
convexus *Lec.*
muricatus *Lec.*
dilatatus *Lec.*
puberulus *Lec.*
productus *Lec.*

§ Conipinus Lec.

dubius *Lec.*

§

robustus *Lec.* n. sp.

Coniontis Esch.

viatica *Esch.*
affinis *Lec.*
eschscholtzii *Mann.*
abdominalis *Lec.*
ovalis *Lec.*
lata *Lec.* n. sp.
obesa *Lec.*
subpubescens *Lec.*
nemoralis *Esch.*
puncticollis *Lec.*

TENEBRIONIDAE (genuini).

BLAPTINI.

Eleodes Esch.

obscura *Esch.*
  Blaps obscura *Say.*
  ? B. hispilabris *Say.*
a. dispersa *Lec.*
b. deleta *Lec.*
arata *Lec.*
sulcipennis *Mann.*
acuta *Esch.*
  Blaps acuta *Say.*
suturalis *Esch.*
  Blaps sut. *Say.*
texana *Lec.*

§

pedinoides *Lec.*
asperata *Lec.*
robusta *Lec.*
tricostata *Lec.*
  Blaps tric. *Say.*
  Pimelia alternata *Kirby.*
  El. planata? *Solier.*

§

sulcata *Lec.*
a. convexa *Lec.*
nupta *Lec.*
gracilis *Lec.*
sponsa *Lec.*
caudifera *Lec.*
obsoleta *Lec.*
  Blaps obs. *Say.*

§

grandicollis *Mann.*

§

fusiformis *Lec.*
subnitens *Lec.*
extricata *Lec.*
  Blaps extr. *Say.*
cognata *Hald.*
seriata? *Lec.*
carbonaria *Lec.*
  Blaps carb. *Say.*
vicina *Lec.*
soror *Lec.*
immunis *Lec.*
debilis *Lec.*
striolata *Lec.*
ventricosa *Lec.*
lucae *Lec.* n. sp.
innocens *Lec.* n. sp.
quadricollis *Esch.*
nigrina *Lec.*
longicollis *Lec.*
  haydenii *Lec.*
gigantea *Mann.*
gentilis *Lec.*
omissa *Lec.*
armata *Lec.*
femorata *Lec.*
laticollis *Lec.*
a. acuticauda *Lec.*
dentipes *Esch.*

§

clavicornis *Esch.*
  impressicollis *Boh.*

§

granulata *Lec.*
humeralis *Lec.*
aspera *Lec.* n. sp.
obtusa *Lec.*
hirsuta *Lec.*
subaspera *Lec.* n. sp.
scabripennis *Lec.*
inculta *Lec.*
planipennis *Lec.* n. sp.
producta *Esch.*
a. constricta *Lec.*
reflexicollis *Mann.*—
planata *Esch.*
a. parvicollis *Esch.*
consobrina *Lec.*
  veseyi *Lec.*
scabrosa *Esch.*
subligata *Lec.*
viator *Lec.*
  vix a sequente differt.
pimelioides *Mann.*
rotundipennis *Lec.*
stricta *Lec.*
intricata *Mann.*
  an sequentis sexus?
cordata *Esch.*
tuberculata *Esch.*
granosa *Lec.* n. sp.

Discogenia Lec.

scabricula *Lec.*
  Eleodes scabr. *Lec.*
marginata *Lec.*
  Eleodes marg. *Esch.*
a. fischeri (*Mann.*)

Promus Lec.

opacus *Lec.*
  Blaps opaca *Say.*
  Eleodes opaca *Lec.*

Embaphion Say.

muricatum *Say.*
  var. concavum *Lec.*

§

contusum *Lec.*

§

depressum *Lec.*
  Eleodes depr. *Lec.*

PEDININI.

Pedinus Latr.

? suturalis *Say.*—

Opatrinus Latr.

aciculatus *Lec.*
notus *Lec.*
  Opatrum not. *Say.*
  Tenebrio minimus *Beauv.*

Blapstinus Waterh.

crassus *Lec.*
sordidus *Lec.*
obliquus *Lec.* n. sp.
sulcatus *Lec.*
dilatatus *Lec.*
 ? Opatrum pullum *Say.*
longulus *Lec.*
angustus *Lec.*
brevicollis *Lec.*
lecontei *Muls.*
 pubescens? *Lec.*
vestitus *Lec.*
pratensis *Lec.*
pulverulentus *Mann.*
moestus *Mels.*
metallicus *Lec.*
 Blaps met. *Fabr.*
 Opatrum interruptum *Say.*
 B. aeneolus *Mels.*
 B. interruptus *Lec.*
 B. luridus *Mels.*

Conibius Lec.

seriatus *Lec.*
parallelus *Lec.*

Notibius Lec.

puberulus *Lec.*
puncticollis *Lec.*
sulcatus *Lec.*
granulatus *Lec.*
opacus *Lec.* n. sp.

OPATRINI.

Ammodonus Mels.

fossor *Mels.*
 Opatrum fossor *Lec.*

Ephalus Lec.

latimanus *Lec.*
 Heliopates lat. *Lec.*

SCAURINI.

Eulabis Esch.

bicarinata *Esch.*
grossa *Lec.* n. sp.
rufipes *Esch.*

§ Eranyce Lec.

obscura *Lec.*

§ Apsena Lec.

pubescens *Lec.*

Cerenopus Lec.

concolor *Lec.*
cribratus *Lec.*
bicolor *Lec.*
sulcipennis *Lec.*

TENEBRIONINI.

Polypleurus Sol.

nitidus *Lec.* n. sp.
geminatus *Sol.*
perforatus *Lec.*
 Upis perf. *Germ.*
 Pol. punctatus *Sol.*

Rhinandrus Lec.

gracilis *Lec.* n. sp.

Coelocnemis Mann.

obesa *Lec.*
dilaticollis *Mann.*
magna *Lec.*
punctata *Lec.*
californica *Mann.*—

Cibdelis Mann.

blaschkii *Mann.*
bachei *Lec.*

Scotobaenus Lec.

parallelus *Lec.*

Centronopus Sol.

opacus *Lec.*

§

calcaratus *Lec.*
 Tenebrio calc. *Fabr.*
 T. castaneus *Knoch.*
 T. reflexus *Say.*
 ? Hel. carolinensis *Beauv.*
 ? T. anneus *DeGeer.*

Merinus Lec.

laevis *Lec.*
 Tenebrio laevis *Oliv.*

Pachyurgus Lec.

aereus *Lec.*
 Iphthimus aer. *Mels.*

Xylopinus Lec.

saperdioides *Lec.*
 Tenebrio sap. *Oliv.*
 Helops sap. *Beauv.* (?).
 H. calcaratus *Beauv.* (?).
 Ten. anthracinus *Knoch.*
aenescens *Lec.* n. sp.
rufipes *Lec.*
 Tenebrio ruf. *Say.*

Haplandrus Lec.

femoratus *Lec.*
 Trogosita fem. *Fabr.*
 Tenebrio fem. *Beauv.*
 Upis fulvipes *Herbst.*
concolor *Lec.* n. sp.

Upis Fabr.

ceramboides *Fabr.*
 Tenebrio cer. *Linn.*
 U. reticulata *Say.*

Nyctobates Lec.

inermis *Mann.*
pennsylvanica *Lec.*
 Tenebrio penn. *DeGeer.*
 Upis chrysops *Herbst.*
 Tenebrio sublaevis *Beauv.*
intermedia *Hald.*
barbata *Lec.*
 Tenebrio barb. *Knoch.*
 ? Upis glabra *Herbst.*

Iphthimus Truqui.

serratus *Lec.*
 Nyctobates serr. *Mann.*
sublaevis *Lec.*
 Nyctobates subl. *Bland.*
opacus *Lec.* n. sp.

Glyptotus Lec.

cribratus *Lec.*
 ? Ten. variolosus *Beauv.*

Tenebrio Linn.

obscurus *Fabr.*
 tristis *Hald.*
molitor *Linn.*
castaneus *Knoch.*
 interstitialis *Say.*
? variolosus *Beauv.*—
? elongatus *Beauv.*—
? rufineus *Say.*—

§ Neatus Lec.[1]

tenebrioides Lec.
  Helops tenebr. Beauv.
  Tenebrio badius Say.

Blus Muls.

oestriatus Lec.
  Tenebrio estr. Lec.

HETEROTARSINI.

Anaedus Blanch.

brunneus Lec.
  Pandarus ! br. Ziegler.
rotundicollis Lec.

Paratenetus Spin.

punctatus Spin.
fuscus Lec.

ULOMINI.

Tribolium M'Leay.

ferrugineum Wollaston.
  Trogosita ferr. Fabr.
  Tenebrio ferr. Fabr.
  Dermestes navalis Fabr.
  Lyctus nav. Fabr.
  Ips testacea Fabr.
  Colydium castaneum Herbst
  ? Ips cinnamomea Herbst.
  Tribolium cast. M'Leay.
  Stene ferr. Stephens.
  Margus ferr. Redt.
madens Redt.
  Tenebrio mad. Charp.
  Margus obscurus Redt.

Aphanotus Lec.

brevicornis Lec.
  Eutelis brev. Lec.

Gnathocerus Thunb.

cornutus Thunb.
  Trogosita corn. Fabr.
  Cerandria corn. Lucas.
maxillosus.—
  Trogosita max. Fabr.
  Cerandria max. Menetr.

Cynaeus Lec.

angustus Lec.

Tharaus Lec.

seditiosus Lec. n. sp.

Uloma Laporte.

impressa Mels.
imberbis Lec. n. sp.
cava Lec. n. sp.
longula Lec.
punctulata Lec. n. sp.

Alphitobius Steph.

diaperinus Wollaston.
  Tenebrio diap. Panzer.
  Phaleria diap. Latr.
  Heterophaga diap. Lucas.
  Uloma mauritanica Curtis.
  A. mauritanicus Steph.
  Heterophaga diap. Lucas.
piceus Muls.
  Helops pic. Olivier.
  ? Ten. mauritanicus Fabr.
  Tenebrio fagi Panz.
  Phaleria fagi Latr.
  Uloma fagi Curtis.
  ? Tenebrio oryzae Herbst.
  A. picipes Steph.
  Heterophaga maur. Lucas.
  H. fagi Redt.[2]

Ulosonia Laporte.

marginata Lec.
  Uloma marg. Lec.

TRACHYSCELINI.

Trachyscelis Latr.

flavipes Mels.

PHALERINI.

Phaleria Latr.

pilifera Lec. n. sp.
rotundata Lec.
testacea Say.
longula Lec. n. sp.
picipes Say.
debilis Lec. n. sp.
globosa Lec.
humeralis Lap.
picta Mann.—

CRYPTICINI.

Crypticus Latr.

obsoletus Say.

BOLETOPHAGINI.

Boletotherus Cand.

cornutus Candèze.
  Boletophagus corn. Fabr.
  Opatrum corn. Panzer.
  Phellidius corn. Lec. (olim)[3]

Boletophagus Illiger.

corticola Say.
depressus Lec.
  Eledona depr. Randall.
  Bol. tetraops Newm.

Rhipidandrus Lec.

flabellicornis Lec.
  Xylotinus flab. Sturm.

DIAPERINI.

Pentaphyllus Latr.

pallidus Lec. n. sp.

Diaperis Geoffroy.

hydni Fabr.
  maculata Oliv.

Hoplocephala Lap.

viridipennis Lap.
  Diaperis vir. Fabr.
bicornis Lec.
  Diaperis bic. Oliv.
  Hispa bic. Fabr.
  Opl. virescens Lap.
  D. (Arrhenoplita) bic. Kirby.

---

[1] Although the middle trochantin is scarcely visible in this species I do not think it can be properly separated from the genus Tenebrio.

[2] The synonymy of the two species of Alphitobius, both of which are introduced, is copied from the excellent work of Wollaston, Coleopt. [illegible], p. [illegible], &c.

[3] This genus was characterized by me under the name Phellidius in the first issue of the Class. Col. N. America, p. [illegible], but on learning that it had been previously described by Candèze, the proper alteration was made in the next issue.

chalybea *Lap.*—
collaris *Lap.*—

Platydema Lap.

excavatum *Say.*
 Diaperis exc. *Say.*
cyanescens *Lap.*
erythrocerum *Lap.*

§[1]

oregonense *Lec.*
politum *Lap.*
subcostatum *Lap.*
americanum *Lap.*
clypeatum *Hald.*
laevipes *Hald.*
picilabrum *Mels.*
ellipticum *Lap.*
 Mycetophagus ell. *Fabr.*
 Tenebrio ell. *Fabr.*
flavipes *Lap.*
 Diaperis flav. *Fabr.*
basale *Hald.*
ruficorne *Hald.*
 Diaperis ruf. *Sturm.*
 P. rufiventre *Lap.*
 P. anale *Hald.*
 Neomida rufa *Mels.*
ruficolle *Lap.*
sanguinicolle *Hald.*
 Neomida sang. *Mels.*
laeve *Hald.*
quadrimaculata *Lap.*—
cyanea *Lap.*—
pallens *Lap.*—

Metaclisa DuVal.

atra *Lec.* n. sp.

Scaphidema Redt.

aeneolum *Lec.*
 Nelites aen. *Lec.*

Alphitophagus Steph.

bifasciatus *Say.*
 Diaperis bif. *Say.*

HYPOPHLOEINI.[2]

Etoplus Lec.

ferrugineus *Lec.* n. sp.

Hypophloeus Fabr.

parallelus *Mels.*
thoracicus *Mels.*
cavus *Lec.* n. sp.[3]

Delopygus Lec.

crenatus *Lec.* n. sp.

Eutochia Lec.

picea *Lec.*
 Uloma picea *Mels.*
 Antarai picea *Lec.*

Sitophagus Muls.

pallidus *Lec.*
 Pythe pall. *Say.*
 Adelina pall. *Lec.*
planus *Lec.*
 Adelina plana *Lec.*

Prateus Lec.

fusculus *Lec.* n. sp.

Dioedus Lec.

punctatus *Lec.* n. sp.

HELOPINI.

Cratidus Lec.

osculans *Lec.*
 Amphidora osc. *Lec.*

Amphidora Esch.

nigropilosa *Lec.*
littoralis *Esch.*

Stenotrichus Lec.

rufipes *Lec.*
 Amphidora[4] ruf. *Lec.*
? attenuatus *Lec.*
 Amphidora[4] att. *Lec.*

Helops Fabr.

micans *Fabr.*
 vittatus *Oliv.*
 laeviatus *Beauv.*
rugulosus *Lec.*
impolitus *Lec.* n. sp.
undulatus *Lec.* n. sp.
americanus *Beauv.*—
venustus *Say.*
laetus *Lec.*
pernitens *Lec.*
californicus *Mann.*
angustus *Lec.*
gracilis *Bland.*
punctipennis *Lec.* n. sp.
sulcipennis *Lec.* n. sp.
bachei *Lec.*
rugicollis *Lec.* n. sp.
opacus *Lec.*
discretus *Lec.* n. sp.
cisteloides *Germ.*
convexulus *Lec.*
aereus *Germ.*
 pullus *Say.*
 aratus *Say.*
tumescens *Lec.* n. sp.
farctus *Lec.*
? tristis *Beauv.*—

MERACANTHINI.

Meracantha Kirby.

contracta *Lec.*
 Helops contractus *Beauv.*
 M. canadensis *Kirby.*
 Pronoides contr. *Solier.*
 Helops tumidus *Mels.*

STRONGYLIINI.

Strongylium Kirby.

tenuicolle *Lec.*
 Helops ten. *Say.*
terminatum *Lec.*
 Tenebrio term. *Say.*[5]

---

[1] *Phylethus* Redt.

[2] In the Class. Col. N. America this tribe is named *Adeliini*, but the genus *Adelina* was previously described by Mulsant as *Sitophagus*, and it therefore becomes necessary to change the name of the tribe.

[3] *H. [illegible]* Mels. is a specimen of the European *H. castaneus*, placed by error in the collection.

[4] The specimen is too much broken to enable me to refer it with certainty to the proper genus.

[5] *[illegible] eschscholtzii* Mann., Bull. Mosc. 1843, 283, does not appear in the list; the description is not sufficiently definite to indicate its place, but I cannot avoid thinking that on re-examination it will be found to have some relation to *[illegible]*. The affinities with *[illegible]* and *Nyctelia* suggested by Mannerheim are improbable for both structural and geographical reasons.

AEGIALITIDAE.

Aegialites Mann.

debilis *Mann.*
Elmnotus californicus *Motsch.*

CISTELIDAE.

Stenochidus Lec.

gracilis *Lec.*
Stenochia grac. *Lec.*
cyanescens *Lec.*
Prionychus cyan. *Lec.*

Allecula Fabr.

erythrocnemis *Germ.*
punctulata *Mels.*
socia *Lec.*
nigrans *Mels.*
Cistela atra *Say.*

Hymenorus Muls.

pilosus *Lec.*
Allecula pil. *Mels.*
obscurus *Lec.*
Allecula obsc. *Say.*
punctulatus *Lec.*
Allecula punct. *Lec.*
niger *Lec.*
Allecula nigra *Mels.*
communis *Lec.* n. sp.
rufipes *Lec.*
Mycetophila ruf. *Lec.*
confertus *Lec.* n. sp.
densus *Lec.* n. sp.
punctatissimus *Lec.* n. sp.
humeralis *Lec.* n. sp.

Cistela Fabr.

brevis *Say.*
var. erythropus *Ziegler.*
pinguis *Lec.*
Xystropus ping. *Lec.*
opaca *Lec.*
marginata *Ziegler.*

§

sericea *Say.*[1]

Isomira Muls.

quadristriata *Lec.*
Cistela 4-str. *Couper.*
velutina *Lec.* n. sp.

Mycetochares Latr.

§ [illegible] Lec.

haldemani *Lec.* n. sp.
fraterna *Lec.*
Cistela fr. *Say.*
basillaris (*Say*).—

§

bicolor *Couper.*
foveata *Lec.* n. sp.
tenuis *Lec.* n. sp.

§

binotata *Lec.*
Cistela bin. *Say.*

Chromatia Lec.

amoena *Lec.*
Cistela am. *Say.*

Capnochroa Lec.

fuliginosa *Lec.*
Cistela ful. *Mels.*

Androchirus Lec.

fuscipes *Lec.*
Cistela fusc. *Mels.*
luteipes *Lec.*

Ctenlopus Sol.

murrayi *Lec.* n. sp.

LAGRIIDAE.

Arthromacra Kirby.

aenea *Lec.*
Lagria aen. *Say.*
Arthr. donacioides *Kirby.*

Statira Latr.

croceicollis *Mäklin.*—
resplendens *Mels.*
gagatina *Mels.*
subnitida *Lec.* n. sp.

MONOMMIDAE.

Hyporhagus Thoms.

lecontei *Thoms.*,—
punctulatus *Thoms.*
opuntiae *Lec.* n. sp.

PYROCHROIDAE.[2]

Eupleurida Lec.

costata *Lec.* n. sp.

Pyrochroa Fabr.

flabellata *Fabr.*
femoralis *Lec.*

Schizotus Newm.

cervicalis *Newm.*

Dendroides Latr.

Pogonocerus Fischer.

canadensis *Latr.*
Pog. bicolor *Newm.*
concolor *Lec.*
Pogonocerus conc. *Newm.*
testacea *Lec.*
ephemeroides *Lec.*
Pogonocerus eph. *Mann.*

ANTHICIDAE.

PEDILINI.

Nematoplus Lec.

collaris *Lec.*

Eurygenius Fert.

wildii *Lec.*
murinus *Lec.*
Ichthydion mur. *Hald.*
constrictus *Lec.*

---

[1] *Cistela erythroptera* Kirby, Fauna Bor. Am. 239, cannot be identified from the description, but I suspect, if the tarsi are not lobed, that it is one of the species of *Androchirus*.

[2] The sequence of the following families is different from that adopted in the Classification of Coleoptera of North America, in which my effort was to arrange them in such manner as to exhibit the gradual degradation of type from Tenebrionidae to Stylopidae. The arrangement in the present List is copied from DuVal's Genera des Coléopt. d'Europe, and exhibits the collateral relations of the families in a more perfect manner than any other known to me.

Stereopalpus *Fert.*

mellyi *Fert.*
badiipennis *Lec.*
guttatus *Lec.*

Bactrocerus Lec.

concolor *Lec.* n. sp.

Corphyra Say.[1]

punctulata (*Lec.*)
collaris *Say.*
  Anthicus coll. *Say.* (♀).
  P. rufithorax *Newm.*
  P. lateralis *Lec.*
lugubris *Say.*
  Anthicus lug. *Say.*
  Pyroc. inornata *Randall.*
  Ped. lunas *Newm.*
  Ped. nigricans *Ziegler.*
labiata *Say.*
  Anthicus lab. *Say.*
  Pyrochroa infumata *Hentz*
  Ped. marginicollis *Ziegler.*
pulchra (*Lec.*)
impressa *Say.*
  Anthicus imp. *Say.*
terminalis *Say.*
  Anthicus term. *Say.* (♀).
  Ped. guttula *Newm.* (♂).
elegans (*Lec.*)
  Pyrochroa el. *Hentz.*
  Ped. haemorrhoidalis *Ziegl.* (♀).
  Ped. ruficollis *Ziegl.* (♀).
newmani (*Lec.*)
  Ped. lugubris *Newm.*
cyanipennis (*Bland.*)
fulvipes (*Newman.*)
canaliculata *Lec.* n. sp.

MACRATRIINI.

Macratria Newm.

linearis *Newm.*—
confusa *Lec.*
murina *Lec.*
  Dircaea murina *Fabr.*
  Macratria mur. *Er.*
  Macratria mur. *Fert.*

ANTHICINI.

Notoxus Geoffr.

anchora *Hentz.*
  Monocerus anch. *Lec.*
conformis *Lec.*
cavicornis *Lec.*
sparsus *Lec.*
serratus *Lec.*
  Monocerus serr. *Lec.*
monodon *Fert.*
  Anthicus mon. *Fabr.*
  Monocerus mon. *Lec.*
apicalis *Lec.*
  Monocerus notandus *Lec.*
marginatus *Lec.*
subtilis *Lec.*
bifasciatus *Lec.*
  Monocerus bif. *Lec.*
talpa *Fert.*—
elegantulus *Fert.*—
bicolor *Fert.*
  Anthicus bic. *Say.*
  Monocerus bic. *Lec.*
pilati *Fert.*—
planicornis *Fert.*—

Tomoderus Fert.

interruptus (*Fert.*)
  vix a sequente differt.
constrictus *Say.*

Formicomus Fert.

scitulus *Lec.*
mundus *Lec.*
  Formicilla mund. *Lec.*

Anthicus Fabr.

obscurus *Fert.*
nitidulus *Lec.*
elegans *Fert.*
tenuis *Lec.*
formicarius *Fert.*
cinctus *Say.*
annectens *Lec.*
californicus *Fert.*
rejectus *Lec.*
floralis *Payk.*
  var. basillaris *Say.*
vicinus *Fert.*
thoracicus *Fert.*
confinis *Lec.*
horridus *Lec.*
cribratus *Lec.*
difficilis *Lec.*
confusus *Lec.*
luteolus *Lec.*
nigrita *Mann.*
scabriceps *Lec.*
ephippium *Fert.*
flavicans *Lec.*
rufulus *Lec.*
cervinus *Fert.*
  bifasciatus *Say.*
  bisectus *Fert.*
  terminalis *Lec.*
punctulatus *Lec.*
haldemani *Lec.*
  quadriguttatus *Hald.*
quadrilunatus *Fert.*
biguttulus *Lec.*
nigritulus *Lec.*
obscurellus *Lec.*
latebrans *Lec.*
spretus *Lec.*
nanus *Lec.*
bellulus *Lec.*
pubescens *Lec.*
fulvipes *Fert.*
corticalis *Lec.*
maritimus *Lec.*
ictericus *Fert.*—
coracinus *Lec.*
pallens *Lec.*
granularis *Lec.*
exilis *Fert.*—
laetus *Fert.*—
melancholicus *Fert.*—
pusillus *Fert.*—
squamosus *Fert.*—
lugubris *Fert.*—
impressipennis *Fert.*—
texanus *Fert.*—
pallidus *Say.*—
? politus *Say.*—

Tanarthrus Lec.

salinus *Lec.*
alutaceus *Lec.*
  Anthicus al. *Lec.*

XYLOPHILINI.

Xylophilus Latr.

melsheimeri *Lec.*
notatus *Lec.*
piceus *Lec.*
fasciatus *Mels.*
signatus *Hald.*
basalis *Lec.*

[1] *Pedilus* auct. Differs from that genus by the 6th ventral segment being visible; compare Lacordaire, Gen. Col. V, 577, and DuVal, Gen. Col. Eur. III, 364.

MELANDRYIDAE.

SCRAPTIINI.

Scraptia Latr.

sericea *Lec.*
 Orchesia ser. *Mels.*
 Calopus ser. *Hald.*

Allopoda Lec.

lutea *Lec.*
 Scraptia lut. *Hald.*

Canifa Lec.

americana *Lec.*
 Scraptia am. *Hald.*
 S. pallipes var. *Mels.*
pusilla *Lec.*
 Scraptia pus. *Hald.*
pallipes *Lec.*
 Scraptia pall. *Mels.*
 S. bicompressa *Hald.*

TETRATOMINI.

Tetratoma Fabr.

truncorum *Lec.* n. sp.
tessellata *Mels.*

STENOTRACHELINI.

Stenotrachelus Latr.

arcuatus *Lec.*
 Helops arcu. *Say.*
 St. obscurus *Mann.*

MELANDRYINI.

Penthe[1] Newm.

obliquata *Newm.*
 Helops obliqu. *Fabr.*
pimelia *Mels.*
 Helops pim. *Fabr.*
 P. fuscerea *Newm.*

Synchroa Newm.

punctata *Newm.*
 Meland. umbrina *Mels.*
 Phaleria umb. *Hald.*

Nothus Oliv.

varians *Lec.* n. sp.

Phryganophilus Sahl.

collaris *Lec.*

Emmesa Newm.

connectens *Newm.*
 Mel. vasculata *Lec.*
labiata *Lec.*
 Melandrya lab. *Say.*

Melandrya Fabr.

striata *Say.*
 var. aeneola *Hald.*

Prothalpia Lec.

undata *Lec.* n. sp.

Xylita Payk.

laevigata *Lec.*
 Serropalpus laev. *Hellenius*
 X. buprestoides *Payk.*
 Dircaea discolor *Fabr.*

Carebara Lec.

longula *Lec.* n. sp.

Spilotus Lec.

quadripustulosus *Lec.*
 Hallomenus quadr. *Mels.*

Ziliora Muls.

hispida *Lec.* n. sp.

Hypulus Payk.

simulator *Newm.*
 trifasciatus *Mels.*

Marolia Muls.

fulminans *Lec.*
 Hypulus[1] fulm. *Lec.*
 ? Dircaea holmbergi *Mann.*

Serropalpus Hell.

striatus *Hellenius.*
 substriatus *Hald.*
 obsoletus *Hald.*

Enchodes Lec.

sericea *Lec.*
 Dircaea ser. *Hald.*
 Phloiotrya ser. *Lec.*

Dircaea Fabr.

liturata *Lec.*
 Serropalp. quadrimaculatus *Say.*
concolor *Lec.* n. sp.
? decolorata *Randall.*—

Anisoxya Muls.

glaucula *Lec.* n. sp.

Symphora Lec.

flavicollis *Lec.*
 Scraptia flav. *Hald.*
 Trotomma flav. *Lec.*
rugosa *Lec.*
 Scraptia rug. *Hald.*
 Trotomma rug. *Lec.*

Hallomenus Panz.

scapularis *Mels.*
 Mycetochares ruficornis *Mels.*
 var. H. lividus *Hald.*
punctulatus *Lec.* n. sp.
debilis *Lec.* n. sp.
basalis *Mann.*—

Eustrophus Latr.

indistinctus *Lec.*
confinis *Lec.* n. sp.
bicolor *Latr.*
 Mycetophagus bic. *Fabr.*
bifasciatus *Say.*
 quadrimaculatus *Mels.*
tomentosus *Say.*
 niger *Mels.*

Orchesia Latr.

castanea *Mels.*
gracilis *Mels.*

Microscapha Lec.

clavicornis *Lec.* n. sp.

MORDELLIDAE.

MORDELLIDAE (genuini).

ANASPINI.

Diclidia Lec.

laetula *Lec.*
 Anaspis laet. *Lec.*

Pentaria Muls.

trifasciata *Lec.*
 Anaspis trif. *Mels.*
 Anthobates trif. *Lec.*

[1] The genus *Penthe* represents in this country the European *Mycetoma.*

fuscula *Lec.*
nubila *Lec.*

Anaspis Latr.

nigra *Lec.*
  Hallomenus nig. *Hald.*
atra *Lec.*
sericea *Mann.*
luteipennis *Lec.*
flavipennis *Hald.*
rufa *Say.*
  pallescens *Mann.*
  ventralis *Mels.*
  filiformis *Lec.*
nigriceps *Lec.*
pusio *Lec.*
collaris *Lec.*

MORDELLINI.

Tomoxia Costa.

bidentata *Lec.*
  Mordella bid. *Say.*
lineella *Lec.*
inclusa *Lec.*

Glipa Lec.

hilaris *Lec.*
  Mordella hil. *Say.*

Mordella Linn.

quadripunctata *Lec.*
  Anaspis quadr. *Say.*
borealis *Lec.*
melaena *Germ.*
  Sphaleria mel. *Lec.*
scutellaris *Fabr.*
irrorata *Lec.*
inflammata *Lec.*
  an sequentis var.?
octopunctata *Fabr.*
marginata *Mels.*
lineata *Mels.*
  vix a praec. differt.
lunulata *Helmuth.*—
serval *Say.*
oculata *Say.*
insulata *Lec.*
triloba *Lec.*
  Anaspis tril. *Say.*
undulata *Mels.*
discoidea *Mels.*

Glipodes Lec.

sericans *Lec.*
  Mordella ser. *Mels.*
helva *Lec.*

Mordellistena Costa.*

bicinctella *Lec.*
arida *Lec.*
lutea (*Mels.*)
nigricollis *Helmuth.*
  an sequentis var.?
trifasciata (*Say.*)
lepidula *Lec.*
  an praecedentis var.?
limbalis (*Mels.*)
vapida *Lec.*
vilis (*Lec.*)
decorella *Lec.*
ornata (*Mels.*)
militaris *Lec.*
scapularis (*Say.*)
  var. biplagiata *Helmuth.*
comata (*Lec.*)
tosta *Lec.*
picicornis *Lec.*
  var. bipustulata *Helmuth.*
  var. rubrilabris *Helmuth.*
cervicalis *Lec.*
aspersa (*Mels.*)
  intermixta *Helmuth.*
fulvicollis (*Mels.*)
  var. dimidiata *Helmuth.*
amica *Lec.*
infima *Lec.*
andreae *Lec.*
grammica *Lec.*
ancilla *Lec.*
varians *Lec.*
ustulata *Lec.*
semiusta *Lec.*
  var. rufula *Helmuth.*
impatiens *Lec.*
nigricans (*Mels.*)
  nigerrima *Helmuth.*
picilabris *Helmuth.*—
ruficeps *Lec.*
nubila (*Lec.*)
guttulata *Helmuth.*—
pustulata (*Mels.*)
convicta *Lec.*
fuscipennis (*Mels.*)
pectoralis (*Lec.*)
morula *Lec.*
ambusta *Lec.*
unicolor *Lec.*
  var. fuscatra *Helmuth.*
marginalis (*Say.*)
divisa *Lec.*
  auricoma *Helmuth.*
  an M. testae var.?
pubescens (*Fabr.*)
liturata (*Mels.*)
bihamata (*Mels.*)
hebraica *Lec.*
leporina *Lec.*
fuscata (*Mels.*)
pityptera *Lec.*
angusta *Lec.*
attenuata (*Say.*)
vittigera *Lec.*
discolor (*Mels.*)
  scalaris *Helmuth.*
suturella *Helmuth.*—
  var. rufiventris *Helmuth.*
aemula *Lec.*
nigripennis (*Fabr.*)—

RHIPIPHORIDAE.

EVANIOCERINI.

Pelecotoma Fisch.

flavipes *Mels.*

RHIPIPHORINI.

Macrosiagon Hentz.

dimidiata *Hentz.*
  Rhipiphorus dim. *Fabr.*
flavipennis *Lec.* n. sp.

Rhipiphorus Fabr.†

octomaculatus *Gerst.*
puncticeps *Lec.*

---

* *Mordella* auct.; those species having the authorities in parentheses were first referred to this genus by me; vide Pr. Acad. Nat. Sc. Phila. 1862, p. 48. The ridges of the hind tibiae and tarsi are slightly variable in some species, and more extensive collections may prove a few of the species to be untenable.

† I have, in the Classification of Coleoptera, p. 275, adopted the name *Emenadia*, given by Laporte, when he divided the Fabrician species into two genera. Du Val has clearly shown (Gen. Col. Eur. III, 412,) that the name *Rhipiphorus* should have been retained for the present genus, instead of the one to which Laporte applied it.

militaris *Mels.*
 ? nigricornis *Fabr.*
pectinatus *Fabr.*
 humeralis *Fabr.*
 angulicollis *Germ.*
 dubius *Mels.*
 impressus *Mels.*
 ambiguus *Mels.*
 longipes *Mels.*
 thoracicus *Mels.*
 varicolor *Germ.*
a. **ventralis** *Fabr.*
 maxillosus *Mels.*
sayi *Lec.*
 bicolor? *Say.*
niger *Mels.*
 fasciatus *Mels.*
 ? tristis *Fabr.*

§

cruentus *Germ.*
linearis *Lec.* n. sp.
limbatus *Fabr.*

MYODITINI.

Myodites Latr.

scaber *Lec.*
semiflavus *Lec.*
luteipennis *Lec.*
fasciatus *Lec.*
 Dorthesia fasc. *Say.*
walshii *Lec.*
flavicornis *Lec.*—
 Dorthesia flav. *Say.*
stylopides *Newm.*
americanus *Guér.*—

STYLOPIDAE.

Stylops Kirby.

childreni *Gray.*—

Xenos Rossi.

peckii *Kirby.*

MELOIDAE.

MELOINI.

Meloe Linn.

rugipennis *Lec.*
montanus *Lec.* n. sp.
tinctus *Lec.* n. sp.
carbonaceus *Lec.* n. sp.
ater *Bland.*—
impressus *Kirby.*
 americanus? *Er.*
 ? var. niger *Kirby.*
opacus *Lec.*
barbarus *Lec.*
perplexus *Lec.*
strigulosus *Mann.*
angusticollis *Say.*
 ? americanus *Leach.*
moerens *Lec.*

§

sublaevis *Lec.*

Nomaspis Lec.

parvula *Lec.*
 Meloe parvus? *Hald.*
 M. parvulus *Hald.*

Henous Hald.

confertus *Lec.*
 Meloe conf. *Say.*
 H. techanus *Hald.*

Megetra Lec.

cancellata *Lec.*
 Meloe canc. *Br.*
vittata *Lec.*
 Cysteodemus vitt. *Lec.*

Cysteodemus Lec.

armatus *Lec.*
wislizeni *Lec.*

LYTTINI.

Tricrania Lec.

sanguinipennis *Lec.*
 Horia sang. *Say.*
stansburii *Lec.*
 Horia stansb. *Hald.*
murrayi *Lec.*

Apterospasta Lec.

valida *Lec.*
 Lytta val. *Lec.*
segmentata *Lec.*
 Lytta segm. *Say.*

Macrobasis Lec.

fulvescens (*Lec.*)
immaculata (*Say*). (♀).
 L. articularis *Say.* (♂).
longicollis (*Lec.*)
ochrea (*Lec.*)
albida *Lec.*
 Lytta albida *Say.* (♀).
 L. luteicornis *Lec.* (♂).
sublineata (*Lec.*)
atrivittis (*Lec.*)
torsa (*Lec.*)
tenuis (*Lec.*)
unicolor.—
 Cantharis un. *Kirby.*
fabricii (*Lec.*)
 Lytta cinerea? *Fabr.*
murina (*Lec.*)
debilis (*Lec.*)
virgulata *Lec.* n. sp.
linearis (*Lec.*)

Pleuropompha Lec.

costata (*Lec.*)

Epicauta Redt.[1]

puncticollis *Mann.*
oblita (*Lec.*)
maura (*Lec.*)
pedalis *Lec.* n. sp.
convolvuli *Lec.*
 Canth. atr. var. conv. *Mels.*
trichrus.—
 Meloe trichrus *Pallas.*
pensylvanica *Lec.*
 Cantharis pens. *DeGeer.*
 Lytta atrata *Fabr.*
 C. atrata *Oliv.*
 Meloe atra *Pallas.*
 L. cornacina *Illiger.*
 Meloe nigra *Woodhouse.*
morio (*Lec.*)
corvina (*Lec.*)
fissilabris (*Lec.*)
cinerea *Lec.*
 Meloe cin. *Forster.*
 L. marginata *Fabr.*
 Cantharis marg. *Oliv.*
 M. clematidis *Woodhouse.*
nigritarsis (*Lec.*)
maculata *Lec.*
 Lytta macul. *Say.*
a. **pardalis** *Lec.* n. sp.
ß. **conspersa** (*Lec.*)

---

[1] This genus corresponds with Lytta Fairmaire, (DuVal, Gen. Col. Eur. iii, 432.)

vittata *Dej.*
  Lytta vitt. *Fabr.*
  Cantharis vitt. *Oliv.*
  M. chapmani *Woodhouse.*
lemniscata *Dej.*
  Lytta lemn. *Fabr.*
? lineata *Dej.*—
  Cantharis lin. *Oliv.*
sanguinicollis (*Lec.*)—
tenella (*Lec.*)
strigosa *Dej.*
  Lytta strig. *Schönherr.*
ferruginea *Lec.*
  Lytta ferr. *Say.*
  Canth. nigricornis *Mels.*
sericans *Lec.* n. sp.
pruinosa *Lec.* n. sp.
callosa *Lec.* n. sp.

Pyrota Lec. (+Chevr.)

mylabrina *Chevr.*
engelmanni (*Lec.*)
terminata *Lec.* n. sp.
postica *Lec.* n. sp.
  L. mylabrina ♂ *Lec.*
vittigera (*Lec.*)
insulata (*Lec.*)
germari *Lec.*
  Lytta germ. *Hald.*
discoidea (*Lec.*)
limbalis *Lec.* n. sp.
afzeliana *Dej.*—
  Lytta afz. *Fabr.*
  Canth. sinuata *Oliv.*

Pomphopoea Lec.

polita *Lec.*
  Lytta pol. *Say.*
  var. L. femoralis *Lec.*
sayi (*Lec.*)
  Canth. pyrivora *Fitch.*
unguicularis *Lec.* n. sp.
texana *Lec.* n. sp.
filiformis (*Lec.*)
aenea *Lec.*
  Lytta aen. *Say.*
  L. nigricornis *Lec.*
tarsalis *Lec.*
  Lytta tars. *Bland.*

Lytta Fabr.[1]

vulnerata *Lec.*
cooperi *Lec.*
cribrata *Lec.*
reticulata *Say.*
quadrimaculata *Chevr.*
eucera *Chevr.*
cardinalis *Chevr.*
  fulvipennis *Lec.*
dichroa *Lec.*
biguttata *Lec.*
puberula *Lec.* n. sp.
nitidicollis *Lec.*
childii *Lec.*
moerens *Lec.*
melaena *Lec.*
tenebrosa *Lec.*
salicis *Lec.*
  an a seq. differt?
cyanipennis *Lec.*
nuttalli *Say.*
  var. fulgifera *Lec.*
viridana *Lec.* n. sp.
aeneipennis *Lec.*
smaragdula *Lec.*
stygica *Lec.*
rathvoni *Lec.*
ingens *Lec.*
sphaericollis *Say.*
  chalybea *Lec.*
convexa *Lec.*

Calospasta Lec.

elegans *Lec.*
  Epicauta el. *Lec.*

Tegrodera Lec.

erosa *Lec.*

Eupompha Lec.

fissiceps *Lec.*

Phodaga Lec.

alticeps *Lec.*

Tetraonyx Latr.

quadrimaculata *Latr.*
  Apalus quadr. *Fabr.*
fulva *Lec.*

Zonitis Fabr.

atripennis *Lec.*
  Nemognatha atr. *Say.*
flavida *Lec.*
  ? an praeced. var.
bilineata *Say.*
  var. lineata *Mels.*
  var. mandibularis *Mels.*

Nemognatha Ill.

bicolor *Lec.*
lurida *Lec.*
apicalis *Lec.*
pallens *Lec.*
lutea *Lec.*
dichroa *Lec.*
dubia *Lec.*
palliata *Lec.*
piezata *Lec.*
  Zonitis piez. *Fabr.*
  Z. vittata *Fabr.*
  Nemognatha vitt. *Ill.*
texana *Lec.*
decipiens *Lec.*
punctulata *Lec.*
flavipennis *Uhler.*
nigripennis *Lec.*
scutellaris *Lec.*
nemorensis *Hentz.*
  bimaculata *Mels.*
cribraria *Lec.*
immaculata *Say.*
vittigera *Lec.*
cribricollis *Lec.*
porosa *Lec.*[2]
  var. fuscipennis *Lec.*

Gnathium Kirby.

francilloni *Kirby.*—
minimum *Say.*
longicolle *Lec.*
  Nemognatha long. *Lec.*
flavicolle *Lec.*
  Nemognatha fl. *Lec.*

CEPHALOIDAE.

Cephaloon Newm.

lepturides *Newm.*
  var. varians *Hald.*

OEDEMERIDAE.

Calopus Fabr.

angustus *Lec.*
asperatus *Lec.* n. sp.

---

[1] This genus corresponds with Cantharis Fairmaire in Du Val, Gen. Col. Eur. iii. 431. Lagorina Muls., should probably be reunited with it. The differences do not appear to have generic value.
[2] N. [illegible], is not recognizable.

Microtonus Lec.

sericans *Lec.* n. sp.

Ditylus Fischer.

coeruleus *Hald.*
  Upis coeruleus *Rand.*
quadricollis *Lec.*
  consors *Lec.*
gracilis *Lec.*
  vestitus *Lec.*
obscurus *Lec.*
  Asclera obs. *Lec.*

Nacerdes Schmidt.

melanura *Schmidt.*
  Cantharis mel. *Linn.*
  Necydalis notata *Fabr.*
  Oed. analis *Oliv.*
  Oe. apicalis *Say.*

Xanthochroa Schmidt.

lateralis *Lec.*
  Nacerdes lat. *Mels.*
  Asclera lat. *Hald.*
  var. A. signaticollis *Hald.*
trinotata *Lec.* n. sp.

Copidita Lec.

quadrimaculata *Lec.*
  Probosca quadr. *Motsch.*
  Nacerdes quadr. *Mann.*

Oxacis Lec.

cana *Lec.*
  Asclera cana *Lec.*
pallida *Lec.*
  Asclera pall. *Lec.*
taeniata *Lec.*
  Asclera taen. *Lec.*
thoracica *Lec.*
  Necydalis thor. *Fabr.*
  Asclera thor. *Hald.*
  Oedem. fraxini *Say.*

notoxoides *Lec.*
  Necydalis not. *Fabr.*
  Asclera not. *Hald.*
granulata *Lec.* n. sp.

§

bicolor *Lec.*
  Asclera bic. *Lec.*
fuliginosa *Lec.* n. sp.

§

dorsalis *Lec.*
  Nacerdes dors. *Mels.*
  Xanthochroa vittata *Hald.*
  Asclera dors. *Lec.*

Probosca Schmidt.

lucana *Lec.* n. sp.
pleuralis *Lec.* n. sp.

Asclera Schmidt.

excavata *Lec.*
ruficollis *Hald.*
  Oedemera ruf. *Say.*
  Ischn. carinata *Newm.*
puncticollis *Hald.*
  Oedemera punct. *Say.*
? erythrocephala.—
  Oedemera erythr. *Germ.*[1]

MYCTERIDAE.

MYCTERINI.

Mycterus Clairv.

concolor *Lec.*
scaber *Hald.*

LACCONOTINI.

Lacconotus Lec.

punctatus *Lec.* n. sp.

PYTHIDAE.

PYTHINI.

Pytho Latr.

niger *Kirby.*
americanus *Kirby.*
  ? Tenebr. depressus? *Fabr.*
deplanatus *Mann.*—
strictus *Lec.* n. sp.

Crymodes Lec.

discicollis *Lec.*

Priognathus Lec.

monilicornis *Lec.*
  Dytilus mon. *Randall.*
  Pytho ? sahlbergii *Mann.*

Boros Herbst.

unicolor *Say.*

CONONOTINI.

Cononotus Lec.

sericeus *Lec.*
punctatus *Lec.*

SALPINGINI.

Salpingus Gyll.

virescens *Lec.*
  Sphaeriestes vir. *Lec.*
alternatus *Lec.*
tibialis *Lec.* n. sp.
elongatus *Mann.*—

Rhinosimus Latr.

pallipes *Boh.*—
aeneirostris *Mann.*
nitens *Lec.* n. sp.

Tanyrhinus Mann.

singularis *Mann.*—

---

[1] *Ischnomera melanura* Mels. is a specimen of the European *Asclera coerulea*. I have not identified *Dryops rufifrons* Fabr., nor do I know to what genus or family it should be referred. *Oedemera unicolor* Say, is perhaps a *Macropalpus*, but cannot be properly identified.

INDEX.

ADDITIONS AND CORRECTIONS.

p. 2. Blethisa Bon.
oregonensis *Lec.*
multipunctata *Chaud.*

Calosoma Fabr.
after prevalens.
lugubre *Lec.*

p. 3. Carabus Linn.
maeander *Fischer.*
lapilayi *Lap.*

Cychrus Fabr.
§ Brennus Dej.
brevoorti *Lec.*
granulatus *Chaud.*
canadensis *Chaud.*—

§ Irichroa Newm.
guyotii *Lec.*
andrewsii *Harris.*
germari *Chaud.*
ridingsii *Bland.*

Pasimachus Bon.
duplicatus *Lec.*
var. costifer *Lec.*

Dyschirius Bon.
abbreviatus *Putz.*—
obesus *Lec.*

p. 9. Pterostichus Bon.
mutus *Lec.*
Feronia polita *Harris.*

p. 10. § Steropus Kirby.
haematopus *Lec.*
Feronia haem. *Dej.*
Ster. similis *Kirby.*

p. 11. Miscodera Esch.
hardyi *Chaud.*—

p. 12. Anisodactylus Dej.
dulcicollis *Lec.*
Harpalus dulc. *Ferté.*
An. ellipticus *Lec.*

Bradycellus Er.
dele **obesulus** *Lec.*

p. 13. Harpalus Latr.
(after ellipsis.)
obesulus *Lec.*
Bradycellus ob. *Lec.*
dele **dulcicollis** *Ferté.*

Stenolophus Dej.
carbonarius *Brullé.*
Harpalus carb. *Dej.*

p. 14. Anophthalmus Sturm.
striatus *Motsch.*—
menetriesii *Motsch.*—
ventricosus *Motsch.*—

before Bembidium.
Tachypus Lac.
elongatus *Motsch.*—

Bembidium Latr.
after inaequale.
glabriusculum *Motsch.*—

p. 19. Philhydrus Sol.
before ochraceus.
consors *Lec.* n. sp.

Necrophorus Fabr.
sayi *Laporte.*
lunatus *Lec.*

p. 20. Catops Fabr.
after cryptophagoides.
pusio *Lec.*

p. 21. Batrisus Aubé.
dele **aculeatus** *Lec.* n. sp.

p. 22. after
Gyrophaena.

Agaricochara Kraatz.
geniculata *Lec.*
Gyrophaena gen. *Mäklin.*

Aleochara Grav.
pallitarsis *Kirby.*—

p. 28. Plegaderus Er.
transversus *Er.*
Hister transv. *Say.*

p. 30. after **Lobiopa.**

Soronia Er.
guttulata *Lec.* n. sp.
Lobiopa) gutt. *Lec.*

Rhizophagus Herbst.
bipunctatus *Lec.*
Colydium bip. *Say.*

dele **Pityophagus.**

p. 35. Heterocerus Fabr.
undatus *Mels.*
brunneus *Mels.*

p. 40. Cyclocephala Latr.
immaculata *Burm.*
lurida *Bland.*

p. 44. Drapetes Redt.[1]
dele ? Dr. niger *Bonv.*
dele **plagiatus.**—

p. 45. before
CHALCOLEPIDIINI.

Meristhus Cand.
scobinula *Cand.*

p. 48. Corymbites Lat.
nigricollis *Bland.*—
nebraskensis *Bland.*—

---

[1] *D. plagiatus* Boh., according to Bonvouloir, is a Brazilian species, identical with *D. praeustus* Bonv.

NOTE.—The following species of *Tachys* have been described by Motschulsky, Etudes Entom. 1862: *Tachyura* [illegible]; *Tachys* [illegible]; *Tachymenis* [illegible], [illegible]; *Polyderis* [illegible], [illegible].

Corrections in synonymy and additions from works published during the printing of this list are not noticed on this page; all such will be contained in an appendix, to be prepared when the remaining part of the list is ready for the press.

www.ingramcontent.com/pod-product-compliance
Lightning Source LLC
Chambersburg PA
CBHW020325090426
42735CB00009B/1408

* 9 7 8 3 7 4 1 1 8 4 7 7 2 *

www.ingramcontent.com/pod-product-compliance
Lightning Source LLC
Chambersburg PA
CBHW020325090426
42735CB00009B/1408

* 9 7 8 3 7 4 1 1 8 4 7 7 2 *